CICERO

Vom Sinn und Zweck des guten Lebens

CICERO

Vom Sinn und Zweck des guten Lebens

Herausgegeben von
Erich Ackermann

Anaconda

Die Deutsche Nationalbibliothek verzeichnet diese Publikation
in der Deutschen Nationalbibliografie; detaillierte biblio-
grafische Daten sind im Internet unter
http://dnb.d-nb.de abrufbar.

Umschlagmotive: Acanthus bed cover, designed by William
Morris (1834–1896) and possibly made by May Morris
(1863–1938). England, c. 1880. INTERFOTO / V & A Images
(Hintergrund). – St Barth's church. The sun and the moon.
akg-images / UIG / Godong (Sonne)
Umschlaggestaltung: Druckfrei. Dagmar Herrmann, Bad Honnef
Satz und Layout: Roland Poferl Print-Design, Köln
Printed in Czech Republic 2018
ISBN 978-3-7306-0675-9
www.anacondaverlag.de
info@anacondaverlag.de

Inhalt

Vorwort

Leben

Marcus Tullius Cicero (106–43 v. Chr.) wurde als Sohn eines römischen Ritters *(eques)*, des niedrigsten römischen Adelsstandes, in der kleinen Landstadt Arpinum geboren. Schon früh ließ ihm sein Vater, ein Gutsbesitzer, ein umfangreiches Studium angedeihen. Der begabte Schüler widmete sich der Philosophie, den Naturwissenschaften, den Lehren von Recht und Gesetz und interessierte sich sowohl für den theoretischen als auch den praktischen Teil der Rhetorik. Schon im Alter von 25 Jahren hielt er auf dem Forum so geschliffene Reden, dass er, der Emporkömmling *(homo novus)*, den damals angesehensten Redner Hortensius schlagen konnte, was ihm eine gewisse Berühmtheit eintrug.

Danach ging der junge Mann für weitere, besonders philosophische, Studien nach Griechenland. Dort hörte er den größten Stoiker seiner Zeit, Poseidonios, und vervollkommnete auch bei dem berühmten Rhetor Molon die Beherrschung der Redekunst. Als er zwei Jahre später nach Rom zurückkehrte, erwarb er sich durch seine Redegewandtheit ein großes Ansehen als Anwalt und beschloss, sich politisch zu betätigen, und das hieß in Rom, die Ämterlaufbahn *(cursus honorum)* einzuschlagen. Er war immer stolz darauf, als homo novus – eine Bezeichnung, die die Patrizier negativ, Cicero aber positiv sah – das jeweilige Amt im Mindestalter erlangt zu haben. Im Jahre 75 wurde er Quaestor in Sizilien, 69 kurulischer Aedil, 66 Praetor urbanus und erlangte 63 die Spitze der Ämterlaufbahn als Konsul. In dieser Funktion deckte er die Verschwörung des Catilina auf. Weil er aber die Anhänger Catilinas gegen römisches Recht hatte hinrichten lassen, musste er im Jahre 58 ein Jahr lang in die Verbannung gehen. Doch war in ihm die Erkenntnis gereift, dass die freie römische Republik bald ein Ende finden würde. Deshalb zog er sich während der Alleinherrschaft Caesars mehr und mehr aus dem politischen Geschäft zurück und widmete seine Zeit der Abfassung philosophischer Werke. Nach Caesars Ermordung glaubte er, die Republik könne doch noch gerettet werden und griff in glühenden Reden, die er nach seinem Vorbild Demosthenes Philippische Reden nannte, Marcus Antonius an, der sich nach Caesars Tod an die Spitze des Staates stellen wollte. Als aber Marcus Antonius, Lepidus und Oktavian, in dem Cicero den idealen Nachfolger Caesars sah, sich in einem Triumvirat einigten, wurde Cicero auf Geheiß von Marcus Antonius auf die Proskriptionsliste gesetzt: Er war jetzt geächtet und konnte nach römischem Recht von jedem getötet werden. Oktavian aber, für den Cicero in seinen Reden gekämpft hatte, rührte keinen Finger für ihn. Vergebens suchte Cicero zu fliehen, wurde aber nahe der Stadt Formiae von den Häschern des Antonius gefasst und getötet.

Ciceros literarische Hinterlassenschaft umfasst Gerichts- und Staatsreden, theoretische Schriften über die Rhetorik, philosophische Schriften und Briefe.

Ein kurzer Überblick:

- Reden, vor allem die Gerichtsreden gegen Verres und die Staatsreden gegen Catilina und Marcus Antonius *(Philippica)*

- Schriften zur Rhetorik: *De oratore, Orator, Brutus*
- Philosophische Schriften (u. a. *Cato Maior de senectute, Laelius de amicitia, de re publica, de legibus, de finibus bonorum et malorum, de officiis, Tusculanae disputationes, de natura deorum*)
- Briefe an seinen Freund Atticus, seinen Bruder Quintus, seine Gattin Terentia und andere Adressaten

Seine Philosophie

Die Auseinandersetzung mit der Philosophie der Griechen hatte sich im Rom des 1. Jahrhunderts v. Chr. weiter fortgesetzt, sodass sie neben Rhetorik und Rechtswissenschaft zur Ausbildung jedes Römer gehörte, der sich später der Politik widmen wollte, und es galt als ein Zeichen von Bildung, wenn man nach Griechenland selbst ging, um dort die Größen der Philosophie zu hören und bei ihnen zu lernen. Auch Cicero, der schon früh im Sinn hatte, sich im öffentlichen Leben zu betätigen, lernte in Rom und auch später bei seiner zweijährigen Studienreise nach Griechenland die bedeutendsten Vertreter der verschiedenen Philosophenschulen und deren Lehren kennen. Danach wandte er sich der öffentlichen Tätigkeit als Anwalt und seiner politischen Laufbahn zu, sodass ihm für die Philosophie wenig Zeit verblieb. Als er sich aber in und nach den Wirren des Bürgerkriegs zwischen Caesar und Pompeius aus der Politik ausgeschaltet und ins Abseits gestellt sah, widmete er seine Zeit wieder voll und ganz der Philosophie; hinzu kam noch, dass der Tod seiner Tochter Tullia, die 45 v. Chr. starb, ihn in eine tiefe Krise stürzte. Auch nach diesem schmerzlichen persönlichen Verlust suchte er in der Philosophie Trost. Er hatte vor, eine Gesamtdarstellung der Philosophie zu geben und diese in der römischen Literatur zu verankern. Ein eigenes philosophisches System hat er nie aufgebaut, sondern hat wie alle Römer auf das griechische Denken zurückgegriffen und mit eigenen römischen Gedanken bereichert. Dies gilt insbesondere für seine Staatsphilosophie.

Ciceros Verdienst ist es, die Philosophie in Rom eingebürgert und heimisch gemacht zu haben. Durch seine attraktive Darstellung der verschiedenen Systeme hat er bei den Römern Interesse für die philosophischen Probleme geweckt und für ein großes Publikum erschlossen. Erst durch die Vermittlung von Ciceros Schriften wurde die Philosophie zu einem Kernpunkt der lateinisch sprechenden Welt.

Vor allem aber hat er für die griechischen philosophischen Begriffe eine lateinische Fachsprache geschaffen, wobei er griechische Begriffe übernahm oder ein lateinisches Wort aus der Alltagssprache in die philosophische Terminologie übertrug oder auch selbst neue Begriffe schuf. Damit erst hat er die Nachwirkung des griechischen Geistes möglich gemacht, welcher eine Keimzelle der europäischen Kultur überhaupt wurde.

Cicero wird in der Philosophiegeschichte als Eklektiker bezeichnet, d. h. als jemand, der aus verschiedenen Auffassungen auswählt. Vor allem Platon ist es, der mit seinem allumfassenden Denkansatz großen Einfluss auf ihn ausübte. In der Erkenntnislehre der späteren Neueren Akademie gefällt ihm der skeptische Zug; er übernimmt auf diesem Gebiet auch einiges von den Peripatetikern, der Nachfolgeschule des Aristoteles. Für die Ethik folgt er meistens der Lehre der Stoa, während er als politisch denkender Römer die Lehre Epikurs rundweg ablehnt: Dem auf die Sitten der Ahnen bedachten Römer gefällt weder der Hedonismus der epikureischen Ethik noch der Rückzug aus der Politik, der in Epikurs Leitsatz *lathe biosas* (Lebe im Verborgenen) zum Ausdruck kommt.

In seinem philosophischen Denken widmet sich Cicero besonders dem ethischen Aspekt und stellt Grundfragen der menschlichen Existenz. Sein Ziel ist es, dem Menschen bei der Lebensbewältigung zu helfen und ihm den Sinn und Wert eines guten Lebens zu vermitteln. Er weist ihm den Weg zu einem sinnerfüllten Leben, dessen Ziel die Eudämonie, die Glückseligkeit ist, und das auf einer sittlich guten Gestaltung beruht.

Grundfragen des Daseins, die zeitlos gültig sind, tauchen allenthalben in seinen Werken auf:

- die Frage nach der inneren Freiheit
- die Befreiung von Affekten, welche einem freien Leben entgegenstehen
- die Bedeutung moralischer Normen für die Gesellschaft
- die vermeintlichen Übel wie Krankheit und Schmerzen
- der Wert der Freundschaft
- der Humanitätsgedanke
- der Mensch als Glied in der Gesellschaft
- die Frage nach der eigentlichen Natur des Menschen, nach der Gottheit und dem Einfluss von Schicksal und

Zufall sowohl im Weltgeschehen als auch im Leben des einzelnen Menschen
- die Begrenztheit des menschlichen Daseins
- die Grenzerfahrung Tod

All dies sind Fragen auch der Lebensbewältigung und der Lebenshilfe, die den Menschen zum Endziel eines sinnerfüllten und glücklichen Daseins anleiten.

In seinen Briefen zeigt sich aber auch der Privatmann Cicero mit all seinen Freuden und Leiden, z. B. in der Trauer um den frühen Tod seiner Tochter Tullia und in der Entfremdung, die er im Exil erleben musste.

Ein Trost in schweren Zeiten

Nichts lindert und erleichtert so sehr den Kummer als der in jeder Lebenslage ständige Gedanke, dass es nichts gibt, was sich nicht einmal ereignen könnte; ebenso tut dies auch das Nachdenken über die Lage des Menschen und über das Gesetz des Lebens und das Nachsinnen darüber, diesem zu folgen. Diese Gedanken bringen uns nicht dazu, immer betrübt zu sein, sondern im Gegenteil: dies niemals zu sein. Wer nämlich die Natur der Dinge, die Wechselfälle des Lebens, die Schwäche der menschlichen Existenz überdenkt, der wird nicht in Betrübnis verfallen, wenn er dies tut, sondern er wird den wahren Sinn eines Weisen erfüllen. Er erreicht nämlich beides; einmal genießt er, dadurch dass er die Dinge betrachtet, die eigentliche Pflicht der Philosophie und dann findet er bei schweren Schicksalsschlägen einen dreifachen heilsamen Trost: Erstens, weil er schon lange vorher daran gedacht hat, dass sich so etwas ereignen kann, ein Gedanke, der allein schon dazu geeignet ist, allen Kummer in höchstem Maße zu verringern und zu zerstreuen; zweitens, weil er begreift, dass menschliche Dinge auch auf menschliche Weise ertragen werden müssen, und drittens schließlich, weil er einsieht, dass es nur ein Übel gibt, nämlich die Schuld, und dass dem Menschen keine Schuld gegeben werden darf, wenn sich etwas ereignet, was er nicht hatte verhindern können.

Jene Ablenkung, die Epikur vorschlägt, wenn er uns vom Nachsinnen über die Übel wegbringen will, gibt es gar nicht. Wenn uns jene Dinge quälen, von denen wir meinen, sie seien Übel, steht es nämlich nicht in unserer Macht, sie einfach nicht wahrhaben und vergessen zu wollen: Sie zerreißen uns, quälen, sind ein Stachel, brennen wie Feuer und lassen uns nicht mehr in Ruhe. Und Epikur heißt uns das einfach zu vergessen, was gegen die Natur ist, und er entreißt uns ein Hilfsmittel gegen den tief sitzenden Schmerz, das die Natur uns gegeben hat, nämlich die ablaufende Zeit; sie ist ein zwar langsames aber doch wirksames Heilmittel. Epikur heißt uns die uns widerfahrenen Übel dadurch zu vergessen, dass wir an das Gute denken. Er würde damit eine ausgezeichnete und einem Philosophen würdige Meinung vertreten, wenn er die Dinge als Güter ansehen würde, die sich der Würde der menschlichen Natur am meisten ziemten.

Wenn Pythagoras oder Sokrates oder Platon so zu mir sprächen: »Warum bist du so niedergeschlagen, warum so traurig, warum weichst du dem Schicksal und erliegst ihm? Dieses kann dich vielleicht krank machen und quälen, aber gewiss kann es dir deine Kraft nicht brechen. Eine große Macht liegt in den Tugenden: Erwecke diese in dir, wenn sie vielleicht eingeschlummert sind. Und schon wird als erstes die *Tapferkeit* dir beistehen, sie wird dich zwingen, so guten Mutes zu sein, dass du alles, was einem Menschen widerfahren kann, gering schätzt und für nichts erachtest.

Weiterhin wird die *Mäßigung* da sein; sie ist dasselbe wie die Selbstbeherrschung und wird es nicht zulassen, dass du etwas Schändliches und Gemeines tust. Was ist aber schimpflicher und gemeiner als ein weibischer Mann? Nicht einmal die *Gerechtigkeit* wird dir gestatten, so zu handeln, obgleich für sie in dieser Angelegenheit anscheinend kein Raum ist. Dennoch wird sie dir sagen, dass du auf doppelte Weise ungerecht bist, einmal weil du etwas Fremdes begehrst, wenn du als sterblicher Mensch den Zustand der unsterblichen Götter verlangst, zum anderen weil du es nur schwer erträgst, dass du etwas zurückgeben musstest, was dir nur zur Nutznießung anvertraut worden ist. Was wirst du aber der *Klugheit* zur Antwort geben, die dich lehrt, dass die Tugend sich selbst genügt, sowohl zu einem guten als auch zu einem glücklichen Leben? Wenn sie nämlich an äußere Dinge gebunden wäre und davon abhinge und nicht aus sich selbst entstammte und wieder zu sich zurückkehrte und wenn sie nicht all das Ihrige selbst umfasste und nicht anderswoher suchte, dann begriffe ich nicht, warum man sie mit Worten dermaßen loben und sie mit so großem Eifer erstreben sollte, wie es den Anschein hat?«

Tusculanae disputationes 3, 34–37

Erst der Verlust von Menschen und Dingen lehrt uns, diese recht zu schätzen

Die Rede Post Reditum ad Quirites *(Nach seiner Rückkehr an die Bürger Roms) hielt Cicero am 5. September 57 v. Chr. nach seiner Rückkehr aus dem Exil. In dieser Rede dankt er den Bürgern dafür, dass sie sich für seine Rückkehr nach Rom eingesetzt hatten; kurz zuvor hatte er sich am gleichen Tag schon mit einer Rede an den Senat gewandt.*

Auch wenn für einen Menschen nichts wünschenswerter ist als ein glückliches, ausgeglichenes und dauerhaftes Schicksal mit einem günstigen Lebensweg ohne irgendwelche Stolpersteine, so hätte ich doch, wenn alles für mich sanft und friedlich gelaufen wäre, auf ein geradezu unglaubliches und fast göttliches Glücks- und Wonnegefühl verzichten müssen, das ich jetzt durch euren wohlwollenden Einsatz für mich genieße. Was ist denn dem Menschengeschlecht von der Natur Lieblicheres verliehen worden als einem jedem seine eigenen Kinder? Mir sind sie in der Tat wegen meiner zärtlichen Zuneigung und wegen ihrer außerordentlichen Anlagen teurer noch als mein Leben. Und doch habe ich sie nicht mit einer so großen Freude vom Boden aufgehoben[1] wie jetzt, da sie mir wieder geschenkt wurden. Nichts war auch je einem Menschen lieber als mir mein Bruder; doch habe ich das nie so empfunden, als ich mich noch seiner Anwesenheit erfreuen konnte, als zu jener Zeit, als ich auf ihn verzichten musste, und später dann, als ihr mich ihm und ihn mir zurück gegeben habt. Jedem bereitet sein Besitz Freude: Mir aber bereiten die Besitztümer, die mir verblieben sind, mehr Freude, nachdem ich sie jetzt wieder gewonnen habe, als früher, wo sie noch vollständig in meiner Hand waren. Was Freundschaften, vertrauter Umgang, Nachbarschaft, Klientelverhältnisse[2], Feier- und Festtage schließlich für Freuden mit sich bringen, das habe ich mehr dadurch begriffen, dass ich sie vermisst habe, als damals, als ich sie noch genossen habe. Und Ehre, Würde, Rang, Stand und euer ganzes wohlwollendes Verhalten mir gegenüber, in so hellem Licht dies mir auch früher immer erschienen ist, jetzt erstrahlt mir all dies, da ich es wieder geschenkt bekommen habe, in einem vollends helleren Glanz, so als ob es nie verdunkelt worden wäre. Und das Vaterland selber, ihr unsterblichen Götter! Kaum lässt es sich ausdrücken, welche Liebe und Freude es in sich hat! Und welchen Anblick bietet mir Italien! Was für ein geschäftiges Treiben in den Städten! Welche Schönheit der Landschaften! Welche Felder! Welche Saaten! Und wie schön ist erst Rom selbst! Wie fein und gesittet sind die Bürger! Welche Würde des Staates! Und welche Erhabenheit hier bei euch in der Volksversammlung! All diese Dinge habe ich auch vorher mehr genossen als sonst jemand. Aber wie eine gute Gesundheit denen angenehmer ist, die aus einer schweren Krankheit genesen sind, als solchen, die nie körperlich ernst krank gewesen sind, so ist es auch bei mir: All das, was man sehnlichst vermisst hat, bringt mehr Freude als das, was man ständig so um sich hat.

Post Reditum ad Quirites 2–4

1. In Rom wurden die neugeborenen Kinder in die Gesellschaft aufgenommen aufgrund einer Entscheidung des Vaters. Nach der Geburt wurde das Neugeborene von der Hebamme auf den Boden gelegt, und der Vater machte von seinem Recht Gebrauch, es vom Boden aufzuheben und auf den Arm zu nehmen, womit er bekundete, dass er das Kind annimmt und damit darauf verzichtet, es auszusetzen.
2. Die römische Gesellschaft bestand aus einflussreichen *patroni* und den von ihnen abhängigen *clientes*. Die Klienten waren ursprünglich freie Bürger minderen Rechts, die einem Schutzherrn zum Dienst verpflichtet waren, aber auch ihrerseits auf dessen Schutz rechnen konnten. Ein Kernbegriff des Klientelverhältnisses war die Treue *(fides)*, die auf Gegenseitigkeit beruhte, denn es bestanden Verpflichtungen zu wechselseitigen Leistungen. Treue bedeutete dem Anspruch nach unter anderem Fürsorge, Schutz und Versorgung. So fanden beide Teile ihren Vorteil. Viele Klienten zu haben bedeutete auch große Macht und Einfluss: Vornehme Römer suchten sich viele ärmere durch Wohltaten wie Speise, Kostgeld und wirtschaftliche Unterstützungen zu gewinnen; diese scharten sich dann auf dem Markt um sie und mehrten dadurch das Ansehen und die Macht des Patrons, der dann aber auch erwartete, dass seine Klienten ihm bei Wahlen ihre Stimme gaben.

Wie unstet ist doch das Glück!

In seiner Rede Pro Milone *verteidigte Cicero 52 v. Chr. den wegen Mordes an Publius Clodius Pulcher angeklagten Titus Annius Milo.*

Schau nur, wie mannigfaltig und wechselvoll die Art des Lebens ist, wie unstet und unbeständig das Glück, wie viel Treulosigkeit es unter Freunden gibt, wie viel Heuchelei, die sich den jeweiligen Zeiten anpasst, wie viel feige Abkehr unserer Nächsten, wenn uns Gefahren drohen, wie viel Zaghaftigkeit: Wahrhaftig, kommen wird die Zeit, sie wird kommen und dereinst der Tag anbrechen, an dem du, in deinen eigenen Verhältnissen zwar unbeschadet, wie ich hoffe, aber vielleicht in allgemeinen Zeitläufen, die voller Unruhe und Wirren sind, den guten Willen eines echten Freundes und die Treue eines Ehrenmannes und die Seelengröße eines seit Menschengedenken ungewöhnlich tapferen Menschen herbeisehnen wirst – und dass diese Zeiten häufig auftreten, das sollten wir aus eigener Erfahrung wohl wissen.

Pro Milone 69

Erkenne dich selbst!

Platon hatte auf sein eher utopisches Werk über den idealen Staat (Politeia) *ein viel konkreteres über die Gesetze* (Nomoi) *folgen lassen. Cicero folgt diesem Beispiel: nach seinem Werk* de re publica, *in dem er den Staat etymologisch als die Sache des Volkes definiert* (res publica = res populi), *entwarf er in seinem Dialog* de legibus *ein neues römisches Staatsrecht, das auf dem Naturrecht basiert. Dazu erläutert er in Anlehnung an die stoische Philosophie eine Anthropologie, deren Kern die These enthält, dass die Menschen als Geschöpfe der Gottheit wie alle Teile des Kosmos mit Vernunft begabt und durchdrungen und somit gleich sind. Das folgende Schlusskapitel des 1. Buches legt die philosophische Grundlage dieses Menschenbildes und Rechtsansatzes.*

Aber die Sache verhält sich in der Tat so, dass das Gesetz, da es ja Fehler verbessern und die Tugenden empfehlen soll, eben gerade von dieser Anweisung für eine Lebensführung abgeleitet wird. Daher kommt es, dass die Mutter alles Guten die Weisheit ist; von der Liebe zu ihr hat im griechischen Wort *philosophia* (= Liebe zur Weisheit) den Namen bekommen. Sie ist das reichste, das herrlichste und das vorzüglichste Geschenk, das die Götter dem Leben der Menschen geschenkt haben. Sie allein hat uns alles andere gelehrt, vor allem aber das, was am schwersten ist, nämlich uns selbst zu erkennen. Diese Mahnung ist von einer solch tiefen Macht und Bedeutung, dass man sie nicht irgendeinem Menschen, sondern dem Gott von Delphi[1] zugeschrieben hat. Wer sich nämlich selbst erkennt, wird als erstes spüren, dass er etwas Göttliches in sich birgt, und er wird den ihm innewohnenden Geist gleichsam für ein geweihtes Götterbild halten; er wird immer etwas tun und denken, was eines solchen Geschenks der Götter würdig ist. Und wenn er sich selbst durchschaut und sich ganz und gar erprobt und geprüft hat, dann wird er verstehen, wie gut von der Natur ausgerüstet er ins Leben gekommen ist und welche Mittel er hat, um die Weisheit zu erlangen und sie auch zu bewahren. Gleich zu Anfang nämlich hat er in seinem Geist und Verstand von allen Dingen gleichsam schattenhafte Begriffe empfangen, und wenn diese unter der Leitung der Weisheit erhellt und klar geworden sind, wird er erkennen, dass er ein rechtschaffener Mensch und aus diesem Grunde auch glücklich sein wird.

Denn wenn der Geist die Tugenden erkannt und begriffen hat und damit den Gehorsam und die Nachgiebigkeit gegenüber dem Körper abgelegt hat, wenn er die Lust wie ein entehrendes Gebrechen unterdrückt und aller Furcht vor Tod und Schmerz entkommen ist und einen Bund der Nächstenliebe mit den Seinen eingegangen ist und wenn er alle, die ihm von Natur aus verbunden sind, als die Seinen anerkannt hat, wenn er sich die Verehrung der Götter und den reinen Glauben zu eigen gemacht hat und sich die Sehkraft des Geistes genauso wie die des Auges geschärft hat, um damit das Gute auszuwählen und das Gegenteilige davon zu verwerfen – eine Tugend, die aufgrund des Voraussehens *(providere)* Klugheit *(prudentia)* genannt wird[2] – was könnte man dann als größeres Glück nennen und denken als dies. Und wenn derselbe Geist ebenso auch den Himmel, die Erde, die Meere und die Natur aller Dinge genau betrachtet hat, wenn er gesehen hat, woher all dies stammt und wohin es zurückkehren wird und wann und wie es zugrunde gehen wird, was an all dem sterblich und vergänglich und was göttlich und ewig ist, und wenn er die Gottheit selbst, die dies lenkt und beherrscht, schon beinahe erfasst hat und sich nicht als einen von Mauern umgebenen Einwohner irgendeines begrenzten Ortes, sondern als Bürger der ganzen Welt[3], die wie eine einzige Stadt ist, erkannt hat, dann, bei den unsterblichen Göttern, wie sehr wird er bei dieser Großartigkeit der Welt, beim diesem Anblick und bei der Erkenntnis der Natur der Dinge sich selbst erkennen, wie es der Pythische Apollon gelehrt hat, wie sehr wird er das gering schätzen, verschmähen und für nichts erachten, was sonst gewöhnlich als das großartigste angesehen wird!

Und all dies wird er mit so etwas wie einem Schutzwall umgeben gemäß der Lehre der Dialektik, der Wissenschaft von der Unterscheidung von Wahrem und Falschem und gleichsam mit der Kunst, die Folgen aller Dinge und das Widersprüchliche an ihnen zu erkennen. Und wenn er verstanden hat, dass er für die Gemeinschaft der Bürger geboren ist, wird er glauben, sich nicht nur jener feinen dialektischen Weise der Erörterung bedienen zu müssen, sondern auch einer weitläufigeren, zusammenhängenden Redeweise, um damit die Völker zu regieren, die Gesetze zu sichern, die Übeltäter zu bestrafen, die rechtschaffenen Bürger zu schützen, die Ruhmreichen zu ehren, diejenigen Vorschriften seinen Bürgern in überzeugender Weise zu verkünden, die dem Heil und dem Ruhm aller dienlich sind, und weiterhin um zu sittlich gutem Verhalten zu ermahnen, vom Verbrechen abzuhalten und den Unglücklichen Trost zuzusprechen und die Taten und Pläne tapferer und weiser Männer zusammen mit der Schande der Schlechten dem ewigen Gedächtnis überliefern zu können.

Da dies so viele und so großartige Dinge sind, die von denen, die sich selbst erkennen wollen, im Innern des Menschen entdeckt werden, ist die Weisheit deren Mutter und Erzieherin.

De legibus 1, 58–62

1. Der bekannt Spruch »Erkenne dich selbst« *(gnothi seauton)* war der Leitspruch des Pythischen Apollon, dem Gott des Orakels von Delphi.
2. Eine Erklärung, die auf der etymologischen Bedeutung der lateinischen Wörter beruht: in dem Wort *prudentia*, die Klugheit, steckt das Verb *providere* = voraussehen. Klugheit ist also auch eine Art von »Vor-sicht«.
3. Die Stoiker waren die ersten, die die Idee eines Weltbürgertums, des Kosmopolitismus, entworfen hatten. Da nach ihrer Lehre in allen Menschen ein und dieselbe Vernunft lebt, so kann es nur ein Gesetz, ein Recht und einen Staat geben. Alle Menschen sind demnach sozusagen Brüder; der wahre Stoiker ist demnach ein Weltbürger, der in der vernunftbegabten, universellen Ordnung beheimatet ist und sich bewusst in sie einfügt.

Wenn es dir gut geht, verfalle nicht in Hochmut!

Auch im Glück und wenn alles nach unserem Wunsch verläuft, müssen wir uns sehr davor hüten, dass wir in Überheblichkeit, Dünkel und Anmaßung verfallen. Das Unglück genauso wie das Glück ohne Maß und Ziel zu ertragen ist ein Zeichen von Charakterlosigkeit; etwas Schönes aber ist Gleichmut in allen Dingen des Lebens und stets seine Miene und seine Stirn unverändert zu zeigen, wie wir es von Sokrates und Laelius[1] gehört haben.

Philipp, König von Makedonien, wurde zwar, wie ich sehe, an großen Ruhmestaten von seinem Sohn Alexander übertroffen, an Leutseligkeit und Menschlichkeit aber stand er höher. Deshalb erwies er sich immer als groß, während sein Sohn oft sehr schimpflich auftrat. Richtig scheint darum der Rat, dass wir umso herablassender auftreten sollen, je höher wir stehen. Panaitios[2] berichtet, sein Freund und Schüler Scipio Africanus habe oft geäußert: »Wie man Rosse, die wegen häufigen Schlachtengetümmels wild und unbändig geworden sind, den Bändigern zu übergeben pflege, um sie danach dann leichter mit ihnen umgehen zu können, so muss man Menschen, die durch ihr Glück zügellos und vermessen geworden sind, sozusagen in die Schule der Vernunft und Wissenschaft bringen, damit sie einsehen, wie hinfällig alles Irdische und wie wechselhaft das Glück ist.«

Gerade im Glück muss man am meisten auf den Rat der Freunde hören und ihren Ansichten noch mehr Gewicht einräumen. In solchen Zeiten müssen wir uns besonders hüten, Schmeichlern unser Ohr zu leihen und uns beweihräuchern zu lassen, weil man ihnen dann sehr leicht zum Opfer fällt. Wir halten uns nämlich für so vortrefflich, dass wir glauben, ihr Lob auch verdient zu haben, und hieraus erwachsen dann zahllose Verfehlungen, denn Menschen mit einer zu hohen Meinung von sich selbst blasen sich auf und werden bald zum Gegenstand schimpflichsten Gespötts und verfallen dabei in die größte Täuschung.

De officiis 1, 90–91

1. Gaius Laelius, Konsul 140 v. Chr., war ein Politiker und Philosoph und verkehrte im gelehrten Kreis des jüngeren Scipio. Die Freundschaft der beiden war so beispielhaft, dass Cicero Laelius, der auch den Beinamen »der Weise« trug, als Dialogpartner in seinen Schriften, vor allem in *Laelius de amicitia*, auftreten lässt.
2. Panaitios von Rhodos (um 185–110 v. Chr.) war ein stoischer Philosoph, der den Rigorismus der alten Stoa milderte und damit die mittlere Stoa begründete. Er lebte lange in Rom, wo er zur Verbreitung der griechischen, vor allem der stoischen Philosophie beitrug, und stand in freundschaftlichem Umgang mit Laelius und dem jüngeren Scipio (sogenannter *Scipionenkreis*). Mit seiner Auffassung von *humanitas*, was neben dem Begriff *Menschlichkeit* auch *Kultur* bedeutet, hatte Panaitios einen großen Einfluss auf das römische Denken. Cicero schöpft in seiner Schrift über die Pflichten aus Panaitios' gleichnamigem Hauptwerk.

Vom Glück, auf dem Land zu leben

Nun komme ich zu den Freuden des Landlebens, an denen ich ein unglaublich großes Vergnügen finde. Kein noch so hohes Alter kann diese Freuden stören, und sie scheinen mir dem Leben eines Weisen am nächsten zu kommen. Die Landleute haben nämlich eine gewisse Geschäftsbeziehung mit der Erde, die ihnen niemals den Gehorsam versagt und nie ohne Zins das zurückgibt, was sie erhalten hat, manchmal zwar mit geringem Ertrag, meistens aber mit größerem. Mich erfreut aber nicht nur die Frucht, die die Erde bringt, sondern auch ihr Wesen und ihre schöpferische Kraft: Zuerst nimmt sie in ihrem erweichten und aufgelockerten Schoß den ausgestreuten Samen auf und behält ihn zuerst verdeckt im Dunklen zurück; dann dehnt sie den durch ihren Dunst und ihren Druck erwärmten Samen aus und entlockt ihm das grasartig aufsprießende Grün, das sich auf Wurzelfäden stützt und allmählich heranwächst, sich an einem knotigen Halm emporrichtet und dann gleichsam mannbar wird und sich in Hüllen einschließt. Und wenn die Pflanze dann aus diesen hervorgebrochen ist, so entfaltet sie die in regelmäßigen Reihen aufgebaute Frucht der Ähre und schützt sich durch einen Wall von Stacheln gegen den Biss von kleineren Vögeln.

Was soll ich denn auch die Entstehung, das Pflanzen und das Wachsen der Weinstöcke erwähnen? Es ist eine Lust und Freude, von der ich nicht genug bekommen kann; ihr könnt nämlich ruhig erfahren, was die Erholung und Lust meines Alters ausmacht. Ich will auch nicht reden über die Triebkraft der Erde, die aus einem winzigen Feigen- oder Weinbeerkern oder aus den kleinsten Samenkörnern der übrigen Früchte oder Pflanzen so große Stämme und Äste hervorbringt. Was die Setzlinge, Reiser, Ableger und Senker aus sich selbst heraus schaffen, muss das nicht jeden mit Freude und Bewunderung erfüllen? Was soll ich auch noch die Bewässerung, das Aufgraben und Umhacken des Ackers anführen, wodurch die Erde um vieles fruchtbarer wird? Was soll ich vom Nutzen der Düngung reden? Ich habe ja darüber in meinem Buch über die Landwirtschaft geschrieben. Aber nicht nur die Saatfelder, die Wiesen, die Weingärten und Baumpflanzungen sind es, die mir die Landwirtschaft erfreulich machen, sondern auch die Gartenanlagen und die Obstgärten, dann die Viehweiden, die Bienenstöcke und die mannigfaltige Pracht von allerlei Blumen. Und nicht allein das Anpflanzen bringt Freude, sondern auch das Pfropfen, was wohl die sinnreichste Erfindung des Landbaues ist.

Nach meiner Meinung dürfte es wohl nichts geben, was das Greisenalter glücklicher macht, und zwar nicht allein, weil man eine Pflicht erfüllt, ist doch die Landwirtschaft dem gesamten Menschengeschlecht nutzbringend, sondern auch wegen der Freude, die man daran hat, und wegen der übergroßen Fülle aller Dinge, die zur Nahrung der Menschen und auch zum Dienst der Götter gehören. So können wir uns also, weil dies doch manche Alten so sehr wünschen, wieder mit der Lust aussöhnen. Denn bei einem guten und fleißigen Hausvater sind der Weinkeller, der Ölkeller und auch die Speisekammer immer gefüllt, und sein ganzes Landgut ist wohl bestellt. Es hat Überfluss an Schweinen, jungen Ziegen, Lämmern, Hühnern, Milch, Käse und Honig. Ferner nennen die Landleute selbst den Garten die zweite Speckseite. Eine weitere Würze erhalten diese Freuden auch durch den Vogelfang und die Jagd, beides Vergnügungen, die man in müßigen Stunden betreiben kann.

Was soll ich von dem Grün der Wiesen oder von den in Reihen stehenden Bäumen oder von der Schönheit der Wein- und Ölgärten noch weiter Worte machen? Ich will mich kurz fassen. Nichts kann weder für den Nutzen mehr Gewinn bringen noch für den Anblick reizender sein als ein gut angebautes Feld, und das zu genießen hindert uns das Greisenalter durchaus nicht, ja es lädt vielmehr dazu ein und verlockt uns dazu. Denn wo kann man sich in unserem Alter im Sonnenschein oder am Feuer besser erwärmen oder sich andererseits im Schatten oder im Wasser gesünder abkühlen? Für sich behalten können daher die jungen Leute ihre Waffen, für sich ihre Rosse, für sich die Speere, für sich die Keule und den Ball, für sich auch das Schwimmen und Laufen behalten; uns alten Leuten mögen sie von ihren vielen Spielen nur das Knöchel- und Würfelspiel übrig lassen, und selbst von diesen beiden, wenn sie es dann wollen, nur eines, weil das Greisenalter auch ohne dies alles glücklich sein kann.

Cato Maior de senectute 51–58 (gekürzt)

Vorurteile gegenüber einzelnen Völkern und Regionen

Sitten sind den Menschen nicht so sehr durch Abstammung des Geschlechts und Samens angeboren, als durch das, was ihnen beigesteuert wird von der Beschaffenheit des Ortes und von den Lebensgewohnheiten, worin sie aufgezogen wurden und in denen sie leben. Die Karthager sind nicht schon von ihrer angeborenen Art her betrügerisch und lügenhaft, sondern aufgrund der natürlichen Gegebenheit ihres Wohnortes, weil sie wegen ihrer Häfen durch vielfache und mannigfaltige Gespräche mit den Händlern und Fremdlingen in ihrem Eifer, Geschäfte zu machen, ebenso auch zum Eifer des Betrügens verleitet wurden. Die Ligurer sind von ihrer Art her ein hartes und bäuerliches Bergvolk; dieses Wesen hat ihnen ihr Boden selber beigebracht, dadurch dass er keinen Ertrag brachte, wenn man ihn ihm nicht mit viel Mühe und viel Pflege abgerungen hat. Die Einwohner von Kampanien waren immer hochmütig, weil ihre Felder so fruchtbar und ertragreich sind, aber auch, weil das Klima dort so heilsam ist und ihre Stadt Capua sowohl gegliedert und schön daliegt. Durch diese Fülle und dem üppigem Zustrom aller Dinge hat sich zunächst bei ihnen jene Überheblichkeit herausgebildet, aufgrund derer Capua von unseren Vorfahren gefordert hatte, einen der beiden Konsuln stellen zu dürfen; darauf entstand bei ihnen auch noch eine derartige luxuriöse Genusssucht, die Hannibal selbst, der auch damals noch unbesiegt war, durch die üppige und dem Sinnengenuss ergebene Lebensart besiegte.[1]

De lege agraria 2, 95

1. Im 3. Jahrhundert v. Chr. war Capua eine der bedeutendsten Städte Italiens und stand in großem Wohlstand. Während des Zweiten Punischen Krieges gab die Stadt nach der Ablehnung ihrer Forderung, einen der Konsuln stellen zu dürfen, ihre Bindung an Rom auf und ging nach der römischen Niederlage in der Schlacht bei Cannae (216 v. Chr.) zum siegreichen Hannibal über. Das punische Heer bezog dann in Capua Winterquartiere und soll laut Livius und anderen antiken Autoren aufgrund der dort vorherrschenden luxuriösen Lebensweise seine Schlagkraft eingebüßt haben.

Sollte man es tunlichst vermeiden, Sorgen auf sich zu nehmen?

Wie ist es nun um die sogenannte Sorglosigkeit *(securitas)* bestellt? Das Freisein von Sorgen und Kummer hat äußerlich gesehen schon etwas Verlockendes an sich, aber in Wirklichkeit ist es aus vielen Gründen verwerflich. Es entspricht nämlich nicht der natürlichen Ordnung der Dinge, irgendeine sittlich gute Sache oder Handlung nicht zu unternehmen oder aber aufzugeben, dann wenn man sie schon angegangen hat, nur um den Sorgen aus dem Weg zu gehen. Wenn man aber versucht, tunlichst den Sorgen auszuweichen, müssen wir auch der Tugend ausweichen, denn diese muss notwendigerweise das, was zu ihr im Gegensatz steht, mit einer gewissen Sorge von sich weisen und hassen, genauso wie Herzensgüte die Bosheit hasst, Enthaltsamkeit die Ausschweifung und Tapferkeit die Feigheit. Daher kann man beobachten, dass der Gerechte sich am meisten Sorgen über die Ungerechtigkeit macht, dass für den Tapferen der größte Schmerz in der Feigheit besteht und dass der maßvolle Mensch sich über Ausschweifungen grämt.

Es ist daher charakteristisch für einen Menschen, der eine harmonisch geordnete Seele hat, dass er sich über Gutes freut und an dessen Gegenteil leidet. Wenn also auch der Weise von innerem Schmerz erfasst wird – und das ist in der Tat der Fall, wenn wir nicht annehmen, jedes menschliche Gefühl sei bei ihm ausgerottet – was für einen Grund gibt es dann noch für uns, die Freundschaft gänzlich aus dem Leben auszuschließen, nur um irgendwelchen Beschwerlichkeiten, die sich aus ihr ergeben, aus dem Weg zu gehen? Wenn man jede seelische Regung ausschaltet, was für einen Unterschied gibt es denn dann noch – ich will nicht sagen zwischen einem Mensch und einem Tier, sondern zwischen einem Menschen und einem Holzklotz oder einem Felsblock oder etwas anderem dergleichen Art. Auch dürfen wir denen kein Gehör schenken, die die Tugend so hart haben wollen wie Eisen. In Wirklichkeit ist sie aber doch, wie in vielen anderen Beziehungen so auch besonders in der Freundschaft, biegsam und schmiegsam, sodass sich einem beim Glück eines Freundes das Herz erweitert, so wie es sich bei seinem Unglück zuschnürt. Daher ist die Angst, die man oft für einen Freund erleiden muss, nicht so bedeutsam, als dass man ihretwegen die Freundschaft aus dem Leben wegschaffen sollte, genau so wenig, wie man die Tugenden verwirft, nur weil sie einem bisweilen einige Sorgen und Kummer bereiten.

Laelius de amicitia 47–48

Vom Glück der Freundschaft

Welch große Kraft aber der Freundschaft inne ist, lässt sich vor allem daran erkennen, dass aus der unendlich großen Gemeinschaft des Menschengeschlechts, die die Natur selbst gestiftet hat, dieses Verhältnis zueinander so eng begrenzt und beschränkt ist, dass das Band wahrer Zuneigung nur zwei oder einige wenige Menschen zusammen verbindet. Denn Freundschaft ist nichts anderes als die vollständige Übereinstimmung in allen irdischen und göttlichen Dingen, verbunden mit Zuneigung und Liebe. Mit Ausnahme der Weisheit haben meiner Meinung die unsterblichen Götter den Menschen nichts Besseres verliehen. Die einen bevorzugen Reichtümer, andere wiederum Gesundheit, einige andere Macht, Ehrenämter, viele sogar die Sinnenlust. Diese letztere ist das höchste Ziel der Tiere, während alles andere Genannte vergänglich und unzuverlässig ist, weil es nicht so sehr auf unseren eigenen Entschlüssen beruht, sondern von den Launen des Glücks abhängig ist. Wer hingegen das höchste Gut in der Tugend sieht, der strebt nach etwas Herrlichem, denn gerade diese Tugend ist es ja, die die Freundschaft erzeugt und erhält: ohne Tugend kann es Freundschaft unter keinen Umständen geben. Den Begriff Tugend wollen wir jetzt einmal nach der Gewohnheit des täglichen Lebens und dem normalen Sprachgebrauch auslegen und nicht den Maßstab gewisser Philosophen anlegen, die die Tugend mit wohlklingenden hochtrabenden Worten definieren; daher wollen wir als gute Männer die gelten lassen, die man allgemein dafür hält, einen Paullus, Cato, Gallus, Scipio, Philus. Mit solchen Männern ist das gewöhnliche Leben zufrieden; andere hingegen, die man überhaupt nirgends ausfindig machen kann, wollen wir beiseitelassen. Unter solchen Männern bietet die Freundschaft so große Vorteile, wie ich sie kaum aufzählen kann.

Zuerst einmal, wie kann denn überhaupt ein Leben lebenswert sein, wie der Dichter Ennius sagt, das nicht auf gegenseitiger Freundesliebe beruht? Was gibt es Angenehmeres, als einen Freund zu haben, mit dem man über alles so reden darf wie mit dem eigenen Ich? Gäbe es einen so großen Genuss im Glück, wenn wir nicht einen Freund hätten, der die Freude darüber mit uns gleichermaßen teilt? Und harte Schicksalsschläge zu ertragen würde uns schwer fallen ohne einen Freund, der diese noch bitterer empfindet als wir selbst.

Endlich sind die übrigen Güter, wonach wir streben, fast nur besonderen Zwecken dienlich: Reichtum, um ihn zu etwas zu benutzen; Macht, um Ansehen zu erwerben; Ehrenämter, um Anerkennung zu ernten; sinnliche Genüsse, um sich zu vergnügen; Gesundheit, um sich frei von Schmerz zu fühlen und die körperliche Funktionen verrichten zu können. Die Freundschaft aber umfasst die meisten Lebensbereiche: Wohin du dich auch wendest, sie ist zugegen, sie ist von keinem Ort ausgeschlossen, nie kommt sie ungelegen und ist auch niemals lästig. Deshalb sagt man, dass man Wasser und Feuer nicht so häufig nötig habe wie die Freundschaft. Ich spreche hier jetzt nicht von einer alltäglichen und nur mittelmäßigen Freundschaft, so erfreulich und nützlich diese auch sein mag, sondern von der echten und vollkommenen, die es nur unter den wenigen Menschen gegeben hat, die man mit Namen aufführen kann. Eine solche Freundschaft nämlich kann unser Glück noch heller erstrahlen lassen und unser Unglück macht sie leichter durch Teilnahme und Mitgefühl.

Wenn die Freundschaft auch zahlreiche sehr große Annehmlichkeiten mit sich bringt, so ist sie aber ohne Zweifel deshalb allem anderen voranzustellen, weil sie uns schöne Hoffnungen für die Zukunft in Aussicht stellt und es nicht zulässt, dass unser Mut schwach wird oder ganz verlischt. Wer nämlich einen wahren Freund anschaut, der sieht in ihm sozusagen ein Abbild seines eigenen Ichs. So kommt es, dass Abwesende da sind, dass Arme überreich werden und Schwache stark und – was noch seltsamer klingt – dass Tote wieder ins Leben zurückkehren. So groß ist die Ehre, das Andenken und die Sehnsucht der Freunde, die bei ihnen bleiben. Das lässt den Tod eines dahin gegangenen Freundes als eine glückliche Lösung erscheinen, das Leben desjenigen, der hier geblieben ist, noch als lobenswert. Wenn man aber das Band, das aus der

Zuneigung erwächst, aus der von der Natur geschaffenen Ordnung der Welt weg schafft, dann kann keine häusliche Gemeinschaft, keine Stadt mehr bestehen, ja nicht einmal die Landwirtschaft wird dann weitergehen.

Begreift man indes nicht, wie groß die Macht der Freundschaft und der Eintracht ist, so lässt sich das klar erkennen aus dem Ergebnis von Streit und Zwietracht. Denn welche Hausgemeinschaft ist so stark und welcher Staat so fest und dauerhaft, dass sie nicht durch Hass und Zerwürfnisse von Grund aus zerstört werden könnten? Hieraus kann man urteilen, wie viel Gutes in der Freundschaft begründet liegt.

Ein großer Gelehrter aus Agrigent[1] soll als Seher in griechischen Versen verkündet haben, dass alles, was in der Natur der Dinge und in der ganzen Welt bestehe und sich bewege, das verknüpfe die Freundschaft und trenne die Zwietracht. Und das begreifen in der Tat alle Sterblichen und erkennen es als wahr an.

Laelius de amicitia 20–24

1. Gemeint ist der vorsokratische Philosoph Empedokles (um 495 – um 435 v. Chr.) aus der sizilianischen Staat Agrigent, der den Anfang aller Dinge *(arché)* in den vier Elementen (Feuer, Wasser, Luft und Erde) sieht, die durch zwei einander entgegenwirkende Kräfte, eine anziehende und vereinigende und eine abstoßende und trennende, bestimmt werden. Die eine vereinigende Kraft nennt er *philótēs* (Liebe, Freundschaft), die trennende *neíkos* (Streit). Ihr endloser wechselhafter Kampf bewirkt alle Vorgänge im Universum einschließlich der menschlichen Schicksale.

Die Freundschaft gründet in der Natur der Dinge und nicht im Nutzen

Sehr oft denke ich über die Freundschaft nach, und dabei scheint mir gewöhnlich die Frage besonders bedeutsam zu sein, ob das Verlangen nach Freundschaft auf einem Gefühl der Schwäche oder Hilfsbedürftigkeit gründet, um durch gegenseitiges Geben und Nehmen von einem anderen Menschen das zu bekommen und im Gegenzug zu vergelten, wozu man allein weniger in der Lage ist; oder ob dies zwar ein allgemeines Kennzeichen der Freundschaft ist, es aber einen ursprünglicheren und schöneren Grund für die Freundschaft gibt, der in der Natur selbst begründet liegt. Die Liebe nämlich *(amor)*, wovon das lateinische Wort für Freundschaft *(amicitia)* abgeleitet wird, gibt den ersten Anlass dazu, das gegenseitige Wohlwollen aufkommen zu lassen. Einfache Vorteile nämlich nimmt man ja häufig auch von denen mit, die man zur gegebenen Zeit mit geheuchelter Freundschaft achtet und ehrt. In einer echten Freundschaft aber gibt es keine Heuchelei und keine Verstellung, sondern alles in ihr ist wahr und aus freiem Willen. Deshalb scheint mir der eigentliche Grund der Freundschaft eher der Natur zu entspringen als einer eigenen Notlage und mehr aus einer Neigung der Seele, verbunden mit einer gewissen Liebesempfindung, als aus einer kühlen Berechnung, wie viel Nutzen sie vielleicht bringen wird.

Wie es sich damit verhält, kann man auch an manchen Tieren beobachten, die ihre Jungen bis zu einem gewissen Zeitpunkt so lieben und auch von ihnen wiedergeliebt werden, dass man klar erkennen kann, was sie empfinden. Und dies ist beim Menschen noch viel leichter zu erkennen: erstens in der Liebe zwischen Kindern und Eltern, die nur durch eine abscheuliche Untat zerstört werden kann; zweitens in einem der Kinderliebe ähnlichen Gefühl, das entsteht, wenn wir jemanden gefunden haben, mit dessen Charakter und Wesensart wir übereinstimmen, weil wir in ihm sozusagen ein leuchtendes Vorbild für aufrechtes Verhalten und Tugend zu erkennen glauben. Denn es gibt nichts, was man mehr lieben sollte als die Tugend, nichts, was uns mehr mit Hochachtung erfüllt, da wir ja um der Tugend und Rechtschaffenheit willen sogar Menschen, die wir nie zu Gesicht bekommen haben, auf irgendeine Weise gern haben …

Wie wir nämlich Menschen sind, die freigebig sind und Gutes tun, nicht um dafür Dank zu erheischen – wir wuchern nämlich nicht mit unserem Gutsein, sondern neigen von Natur aus zur Freigebigkeit – ebenso glauben wir, dass man Freundschaft nicht in der Aussicht auf eine Belohnung erstreben sollte, sondern weil ihr ganzen Nutzen schon in der Liebe selbst besteht.

Laelius de amicitia 26–28 und 31

Neid und Mitleid

Die Schrift de oratore *(Über den Redner) ist ein grundlegendes Werk über die Rhetorik, in dem Cicero die Voraussetzungen für den Beruf des Redners, das Wesen der Rhetorik, den Aufbau ei-*

ner Rede und auch die moralischen und philosophischen Pflichten des Redners erörtert. In der folgenden Textpassage erklärt er, wie der Redner die Herzen der Zuschauer gewinnen und die Gemüter beeinflussen kann. Diese Art der Seelenleitung, Psychagogie genannt, wird schon in Platons Dialog Phaidros *thematisiert.*

Wenn es darum geht, den Neid zu beschwichtigen, muss man sagen, die Erfolge des Klienten seien von ihm unter großen Mühen und Gefahren errungen worden und dienten nur dem Wohl der anderen und nicht seinem eigenen Vorteil. Und wenn es so scheint, als habe der Klient sich Ruhm erworben, so sage man, er genieße ihn trotzdem nicht, auch wenn dieser der verdiente Lohn für eine auf sich genommene Gefahr sei, ja er verzichte ganz darauf und weise ihn zurück. Und da nun einmal die meisten Menschen neidisch sind und dieses Laster das allgemeinste und am weitesten verbreitete ist, und weil aber der Neid gerade den höchsten und glanzvollsten Stellen gilt, die jemand im Leben einnimmt, so muss man es überhaupt darauf absehen, dass diese Meinung abgeschwächt wird und dass die vermeintlich so hervorragende und glückliche Stellung im Leben mit viel Mühsal und Elend vermischt und getrübt erscheint.

Mitleid erregt man, wenn der Zuhörer dazu gebracht werden kann, das, was man bei anderen beklagt, als Spiegelbild seiner eigenen unglückliche Lage zu sehen, die er schon ertragen hat oder noch befürchtet, damit er sich auf sich selbst besinnt, wenn er die Leiden anderer sieht. So gehen einem zwar die einzelnen Fälle menschlichen Leids sehr nahe, wenn sie ergreifend vorgeführt werden, doch nichts bewirkt einen traurigeren Eindruck als das Bild der Tugend, die geschlagen am Boden liegt.

De Oratore 2, 210–211

Besser ist es für den Menschen, die Zukunft nicht zu kennen

In seinem Werk de divinatione *(Über Weissagung) verficht Ciceros Bruder Quintus die Bedeutung der* divinatio *mit einer Vielzahl von Beispielen aus der Philosophie der Stoa. Im Buch 2 widerlegt Cicero diese Beispiele und bringt grundsätzliche Einwendungen gegen die* divinatio.

Ich für meinen Teil glaube, dass die Kenntnis der zukünftigen Ereignisse für uns überhaupt nicht von Nutzen ist. Was hätte denn der Trojanerkönig Priamos für ein Leben gehabt, wenn er von Jugend auf gewusst hätte, welche Ereignisse im Alter auf ihn zukommen würden? Doch lassen wir das jetzt mit den alten Sagen und kommen wir zu Vorkommnissen, die uns zeitlich näher liegen. In meinem Werk *Über den Trost*[1] habe ich das traurige Ende der berühmtesten Männer unseres Staates zusammengestellt.

Wenn wir einmal frühere Beispiele übergehen, glaubst du denn, dass es für Marcus Crassus[2] von Nutzen gewesen wäre, damals, als er sich auf dem Höhepunkt seiner Macht und in blühendem Reichtum befand, zu wissen, dass er nach dem Tod seines Sohnes Publius jenseits des Euphrat mit Schimpf und Schande umkommen müsse, nachdem sein Heer vernichtet worden war? Oder glaubst du, dass Gnaeus Pompeius große Freude über sein dreimaliges Konsulat, über seine drei Triumphe und über den Ruhm seiner herausragenden Taten gehabt hätte, wenn er gewusst hätte, dass er sein Heer verlieren und in der ägyptischen Wüste ermordet würde und dass nach seinem Tod das erfolgen würde, was wir nicht ohne Tränen aussprechen können? Oder was meinen wir von Caesar? In welchen Seelenqualen hätte er sein Leben zugebracht, wenn er voraus gesehen hätte, dass er in dem Senat, den er zum größten Teil selbst gewählt hatte, in der Kurie des Pompeius vor der Statue des Pompeius selbst, im Beisein so vieler seiner Zenturionen, von den vornehmsten Mitbürgern, die zum Teil von ihm auf jegliche Weise ausgezeichnet worden waren, ermordet werden würde und er so daliegen würde, dass nicht nur keiner von seinen Freunden, sondern nicht einmal einer von den Sklaven sich seiner Leiche näherte? Künftiges Unglück nicht zu kennen ist also gewiss nützlicher als davon Kenntnis zu haben.

Folgende Aussage aber kann zumal von den Stoiker auf keine Weise gemacht werden: »Dann hätte Pompeius nicht zu den Waffen gegriffen, Crassus nicht den Euphrat überschritten und Caesar nicht den Bürgerkrieg unternommen.« Sie erlitten also keinen Tod, den das Schicksal ihnen vorbestimmt hätte. Ihr Stoiker aber wollt, dass alles durch das Schicksal geschieht[3]; also hätte ihnen das ganze Weissagen nichts genützt, und die ganze Freude an ihrem früheren Leben wäre ihnen vergällt worden, denn was hätte ihnen dann noch Freude bereitet, wenn sie an ihren

Tod gedacht hätten? So muss denn notwendigerweise, wie die Stoiker es auch drehen und wenden mögen, ihr ganzer Scharfsinn zunichtewerden. Denn wenn das, was geschehen wird, auf diese oder auch auf jene Weise geschehen kann, so ist der Einfluss des Zufalls gewaltig. Was aber dem Zufall unterworfen ist, kann nicht gewiss sein. Wenn aber das, was bei jeder Sache zu jeder Zeit künftig geschehen wird, bestimmt ist, was helfen mir dann die Opferschauer, wenn sie sagen, dass uns die größten Unglücke bevorstehen?

De divinatione 2, 22–24

1. *De consolatione (Über den Trost)* ist ein verloren gegangenes Werk Ciceros, das er nach dem Tod seiner Tochter Tullia (45 v. Chr.) geschrieben hatte, um über den Schmerz hinwegzukommen, den ihm dieser Verlust gebracht hatte. Vgl. das Kapitel »Tullias Tod«.
2. Die Beispiele aus Ciceros Gegenwart sind alle drei Anführer des *Ersten Triumvirats* in Rom (ab 60 v. Chr.): Marcus Licinius Crassus, Gnaeus Pompeius Magnus und Gaius Iulius Caesar. Crassus hatte auf seinem Feldzug gegen die Parther im Jahre 53 v. Chr. in der Schlacht von Carrhae eine vernichtende Niederlage erlitten und war dort bei Kapitulationsverhandlungen getötet worden; demütigend dabei war noch der Verlust der römischen Feldzeichen. Pompeius war nach der Niederlage bei Pharsalos nach Ägypten geflohen, wo ihn die Höflinge des Kindkönigs Ptolemäus XIII ermorden ließen (48 v. Chr.). Sein abgeschlagener Kopf wurde später Caesar übergeben. Caesar selbst wurde bekanntermaßen an den Iden des März 44 v. Chr. ermordet.
3. Die Stoiker lehren die strenge Kausalität allen Geschehens; alles beruht auf einer lückenlosen Kausalkette und ist durch das

Schicksal *(heimarméne)* bestimmt. Wenn sich jemand gegen diese Vorsehung *(prónoia)* stellt, ist auch dies selbst durch das Schicksal bestimmt. Der Begründer der Stoa, Zenon, macht dies an einem Beispiel klar: Wenn ein Hund, der an einen Wagen festgebunden ist, mitlaufen will, dann wird er einerseits gezogen und andererseits läuft er mit. Er handelt also freiwillig unter Zwang. Will er aber nicht mitlaufen, ist er unausweichlich dem Zwang ausgeliefert. Dasselbe gilt wohl auch für die Menschen. Denn auch wenn sie nicht wollen, werden sie dazu gezwungen, sich dem Schicksal zu fügen.

Ziehe dich zurück, wenn das Schicksal es zu hart mit dir meint!

Im Leben muss man sich, wie mir scheint, an folgende Spielregel halten, die die Griechen bei ihren Symposien genau beachten. Entweder soll man mittrinken, heißt es, oder man soll weggehen, und das ist richtig so. Denn entweder soll man sich gleich wie die anderen dem Genuss des Trinkens hingeben oder man soll sich vorher davonmachen, um nicht nüchtern in das wilde Treiben der schon trunkenen Zechgesellen zu geraten. Auf gleiche Weise soll man auch den Schicksalsschlägen, die man nicht ertragen kann, ausweichen, indem man sich zurückzieht.

Tusculanae disputationes 5, 118

Ertrage tapfer und klug, was dir widerfährt!

Aber darüber wird das Schicksal schon achten, das in solchen Dingen ja mehr vermag als die Vernunft. Wir aber wollen nur auf das bedacht sein, was in unserer eigenen Macht steht, und das ist: was auch immer geschieht, wollen wir tapfer und klug ertragen und immer daran denken, dass es Menschen sind, denen dies geschieht.

Epistulae ad Atticum 14, 13, 3

Willensfreiheit und Schicksal

In seinem Werk de fato *(Über das Schicksal) behandelt Cicero den Zusammenhang zwischen Schicksal, freiem Willen und Zufall. Nach einer Definition aus* de divinatione *(1, 125 f.) ist das Schicksal (griech.* heimarméne*) nicht das, was nach der Weise des Aberglaubens, sondern das, was nach Art der Physiker so benannt wird, die ewige Ursache der Dinge, warum sowohl das Vergangene geschehen ist, als auch das, was bevorsteht, geschieht und, was nachfolgt, geschehen wird. Nach der Lehre der Stoiker, die an eine strenge Kausalität allen Geschehens glauben, beruht alles auf einer lückenlosen Kausalkette und ist durch die Heimarméne (lat.* fatum*) bestimmt.*

Im folgenden Text geht Cicero von zwei Lehrmeinungen aus: Es gibt Philosophen wie z. B. Aristoteles, die ein unvermeid-

bares Schicksal postulieren, andere wiederum wollen die Seelenregungen vom Zwang des Schicksals frei sehen, wobei Chrysipp[1] *als Mittler zwischen den zwei Positionen aufgetreten sei.*

Mir scheint die Sache mit dem Schicksal so zu sein: Bei den alten Philosophen gab es darüber zwei entgegengesetzte Meinungen, wobei die einen behaupteten, alles geschehe infolge des Schicksals, und zwar so, dass dieses eine unentrinnbare Notwendigkeit mit sich bringe, eine Ansicht, der Demokrit, Heraklit, Empedokles und Aristoteles folgten; die anderen indes stellten die Behauptung auf, dass die auf unserem eigenen Willen beruhenden Seelenbewegungen nicht vom Einfluss des Schicksals betroffen seien. Da wollte Chrysipp sozusagen als ehrenwerter Vermittler auftreten, aber seine Ansicht neigt eher zu jenen, die die Seelenbewegungen von dem Zwang der Notwendigkeit befreit wissen wollen. Leider aber verwickelte er sich sprachlich in seiner Ausdrucksweise derartig, dass er dabei, ohne es zu wollen, die Notwendigkeit des Schicksals bestätigt …

Chrysipp, der einerseits die unentrinnbare Notwendigkeit des Schicksal verwirft, andererseits aber der Ansicht ist, dass nichts ohne vorausgehende Ursache geschieht, macht einen Unterschied zwischen den Arten der Ursachen, um auf der einen Seite der Notwendigkeit zu entgehen und auf der anderen Seite das Schicksal beizubehalten. Unter den Ursachen, so sagt er nämlich, seien die einen vollkommene und hauptsächliche, die anderen unterstützende und nächste. Wenn wir also sagen, alles geschehe dem Schicksal zufolge, so wollten wir damit nicht sagen: nach vollkommenen und hauptsächlichen Ursachen, sondern weil unterstützende und nächste vorausgehen. Deshalb entgegnet er jenem Gedankengang, den ich kurz zuvor aufgeführt habe, folgendermaßen: »Wenn alles aufgrund des Schicksals geschieht, so folgt daraus zwar, dass alles nach voran gegangenen Ursachen geschieht, aber nicht nach hauptsächlichen und vollkommenen, sondern nach unterstützenden und nächsten. Wenn nun selbst diese nicht in unserer Gewalt sind, so kann man doch noch nicht den Schluss ziehen, dass wir nicht einmal unsere Triebe in unserer Gewalt haben. Dies wäre aber die Folge, wenn wir annähmen, dass alles infolge vollkommener und hauptsächlicher Ursachen vor sich gehe. Nur wenn diese Ursachen nicht in unserer Gewalt wären, dann wären auch die Triebe nicht in unserer Gewalt.

De fato 39 und 41

1. Chrysippos von Soloi (um 281/76 – um 208/4 v. Chr.) war ein stoischer Philosoph, der nach dem Tod seines Lehrers Kleanthes Schuloberhaupt der Stoa wurde, wobei er deren Lehre erneuerte und erweiterte. Er hat als erster das Ideal des stoischen Weisen formuliert, der frei von Affekten wie Furcht, Hass, Liebe und Lust lebt, dafür aber im Einklang mit den in der Natur gründenden zweckmäßigen Weltgesetzen.

Der Mensch bildet von Natur aus Staaten

Nach Aristoteles, für den das Ziel des Staates das glückliche Leben seiner Bürger ist, verfügt der Mensch als Art über einen natürlichen Trieb, der ihn für ein politisches Zusammenleben prädestiniert. Der Mensch ist von Natur aus ein Wesen, das auf ein soziales Leben in der Gemeinschaft angelegt ist und gar nicht anders kann: ein *zoon physei politikon*. Die Tatsache, dass der Mensch Staaten bilden *muss*, liegt für Aristoteles primär also nicht in der Schwäche des einzelnen Individuums, das sich von der Natur und stärkeren Artgenossen bedroht fühlt und deshalb in eine Gemeinschaft flüchtet, es ist kein auf Gegenseitigkeit beruhender Vertrag gegen äußere Feinde und natürliche Unbilden, sondern gerade ein seiner Art innewohnender Trieb, der ihn dazu zwingt, sich mit anderen zusammenzutun, eine Art Herdentrieb. Somit ist der Staat auch keine Einrichtung, die der Mensch erfunden hat, sondern er ist von Anfang an da, er existiert früher als jeder Einzelne, weil er zur Natur der Art Mensch gehört.

Cicero greift in seiner Erklärung, warum der Mensch in einer staatlichen Gemeinschaft lebt, auf den zoon-politikon-*Begriff von Aristoteles zurück.*

Der Staat ist die Sache des Volkes[1]. Das Volk aber ist nicht jede auf jede mögliche Weise zusammengekommene Menschenmasse, sondern diejenige Vereinigung einer Menge, die sich durch gemeinsames Recht und gemeinsamen Vorteil zu einer Gesellschaft verbunden hat.

Der erste Beweggrund dieses Zusammengehens liegt aber nicht so sehr in der Schwäche, sondern vielmehr in einem gewissen dem Menschen von Natur aus angelegten Herdentrieb. Die Gattung Mensch ist nämlich kein Einzelgänger, sondern so beschaffen, dass sie nicht einmal im Überfluss aller Güter … *(Der Rest der Definition ist eine Textlücke)*

De re publica 1, 39

1. Der eigentliche Sinn der knappen lateinischen Formulierung *res publica est res populi* (»Der Staat ist die Sache des Volkes.«) kommt aus keiner Übersetzung heraus, da *publica* im Lateinischen etymologisch das Adjektiv zu *populus* ist.

Gegen politische Gleichgültigkeit

Man muss sich von allem freihalten, was das Gemüt in Aufregung versetzt, von Begierde und Furcht, aber auch von Kummer und ausgelassener Lust oder Zorn, sodass sich eine Ruhe des Gemüts einstellt und eine innere Sorglosigkeit, welche charakterliche Festigkeit und würdevolles Betragen mit sich bringen.

Es gibt nun in unseren Zeiten sowie auch in den früheren viele Menschen, die sich von der öffentlichen Tätigkeit zurückgezogen haben und ihre Zuflucht zu der Muße genommen haben, weil sie eben jene Gemütsruhe, von der ich geredet habe, erlangen wollen. Unter diesen befinden sich sehr berühmte und weithin angesehene Philosophen, sowie auch andere Männer strengen und ernsten Sinnes, die das Treiben des Volkes oder der Machthaber nicht ertragen konnten, und einige von ihnen lebten auf dem Lande und fanden an der Verwaltung ihres Hauswesens ihr Vergnügen. Sie hatten dabei dieselben Absichten wie die Herrscher, nämlich nichts entbehren zu müssen, keinem Menschen untertan zu sein und ihre Freiheit zu genießen, die darin besteht, so zu leben, wie man möchte.

So haben also die Menschen, die nach Macht streben, und die eben genannten Müßiggänger ein gemeinsames Ziel, nur dass die einen glauben, dies nur erreichen zu können, indem sie große Reichtümer besitzen, die anderen, indem sie mit ihrer, wenn auch kleinen, Habe zufrieden sind. Die Einstellung beider kann man nicht gänzlich verwerfen, doch bequemer und sicherer, auch für andere weniger beschwerlich und lästig ist das Leben derer, die sich einer beschaulichen Muße hingeben, fruchtbarer für das Menschengeschlecht hingegen und geeigneter, Ruhm und Ansehen zu erlangen, ist das Leben derer, die sich der Allgemeinheit und der Ausführung großer Aufgaben gewidmet haben.

Deshalb darf man es vielleicht Menschen, die sich bei ausgezeichneter geistiger Veranlagung den Wissenschaften hingeben, gestatten, dass sie sich von den Staatsgeschäften fernhalten; das gleiche soll auch solchen eingeräumt werden, die sich wegen einer schwächlicher Gesundheit oder aus einem anderen wichtigen Grund vom Staatsdienst zurückziehen, indem sie anderen die Möglichkeit überlassen, in der Staatsverwaltung zu Ruhm zu gelangen. Wer aber keinen dieser Gründe vorweisen kann und dann sagt, er schätze das gering, was in den Augen der Menge Gegenstand der Bewunderung ist, nämlich Befehlsgewalten und Staatsämter, der verdient nach meinem Dafürhalten nicht nur kein Lob, sondern sogar Tadel. Für ihre Ansicht allerdings, den Ruhm gering zu schätzen und für nichts zu erachten, ist ihnen kein Vorwurf zu machen, wohl aber dafür, dass sie anscheinend die Mühen und Beschwerden scheuen und dann auch noch Schimpf und Schande fürchten, die mit gescheiterten Bewerbungen und Abweisungen einhergehen. Es gibt nämlich Menschen, die sich in entgegengesetzten Umständen selbst zu wenig treu bleiben: die Lust verachten sie aufs strengste, überkommt sie aber Schmerz, so sind sie weichlich; sie schätzen den Ruhm gering, werden aber durch öffentliche Beschimpfung gleich gebrochen und auch hierin verfahren sie nicht konsequent genug.

Wer allerdings von seiner Natur her das nötige Rüstzeug mitbekommen hat, der darf nicht zögern, sich um Staatsämter zu bewerben und an der Führung des Staates teilzunehmen, denn sonst könnte weder ein Staat geleitet werden noch könnte sich auf andere Weise eine hochherzige Gesinnung äußern. Diejenigen, die sich dem Staatsdienst widmen, müssen sich aber ebenso wie die Philosophen, ja vielleicht in noch höherem Maße, Hochherzigkeit und die schon oft erwähnte Geringschätzung irdischer Dinge aneignen, sowie auch Ruhe und Gelassenheit des Gemütes, sofern sie frei von Angst und mit Würde und Charakterfestigkeit leben wollen. Den Philosophen wird dies leichter fallen, weil ihre Lebensweise weniger Seiten darbietet, die den Schlägen des Schicksals ausgesetzt sind, und weil sie weniger Bedürfnisse haben und bei eintretenden Schicksalsschlägen nicht so tief fallen können. Deshalb werden nicht ohne Grund bei Staatsmännern stärkere Aufregungen auftreten und sie werden auch größere Bemühungen auf sich nehmen müssen als die, die sich der ruhigen Muße hingeben, und umso mehr müssen sie über eine seelische Größe verfügen und völlig frei vom jeder Ängstlichkeit sein.

Wer sich dem Staatsdienst widmen will, der hüte sich aber davor, auch nur daran zu denken, wie ehrenvoll dieser Beruf ist, sondern er muss auch die nötige Entschlusskraft mit sich bringen. Auch muss er sich vorsehen, nicht ohne Grund aus Feigheit alles gleich hinzuwerfen, und er darf auch nicht aus Begehrlichkeit ein zu großes Selbstvertrauen haben. Bei jeder Unternehmung aber ist es nötig, bevor man an sie heran geht, sorgfältige Vorbereitung anzuwenden.

De officiis 1, 69–73

Die soziale Pflicht des Menschen gegenüber der Gemeinschaft

An erster Stelle von allen Tugenden steht die Weisheit, die die Griechen *sophia* nennen … Sie ist das Wissen um die göttlichen und menschlichen Dinge, das sich im Wesentlichen auf die Gemeinschaft der Götter und Menschen und die gegenseitigen soziale Verbindung unter den Menschen selbst erstreckt. Und wenn diese in der Tat die größte Tugend ist, so muss notwendigerweise diejenige Pflicht am bedeutendsten sein, die aus der Gemeinschaft erwächst. Denn die theoretische Erkenntnis und Betrachtung der Natur wäre gewissermaßen mangelhaft und unvollendet, wenn ihr kein praktisches Handeln folgen würde. Dieses Handeln lässt sich besonders daran erkennen, wie man auf die Vorteile für unsere Mitmenschen achtet, das heißt, es erstreckt sich auf die menschliche Gemeinschaft. Also ist sie der reinen theoretischen Erkenntnis vorzuziehen. Und diese Tatsache zeigt uns das Verhalten gerade der besten unter den Menschen. Denn wer wäre in der Erforschung und Untersuchung der Natur so leidenschaftlich, dass er, wenn ihm während der Behandlung und Betrachtung der wissenswerten Dinge plötzlich die Nachricht käme von einer schweren Gefahr für sein Vaterland und er wäre in der Lage, demselben zu helfen und beizustehen, wer würde da nicht all diese Fragen lassen und von sich werfen, selbst wenn er die Sterne zählen oder die Größe der Welt messen zu können glaubte? Und genauso würde er doch handeln, wenn eine Gefahr für seinen Vater oder seinen Freund bestände.

Daraus kann man ersehen, dass allem Bemühen und allen Pflichten gegenüber der theoretischen Wissenschaft die Pflichten der Gerechtigkeit vorgezogen werden müssen, denn diese betrifft den Nutzen für den Mitmenschen, welcher den Menschen vor allem anderen das höchste Anliegen sein muss.

So haben sich denn auch Männer, die alle ihre Bestrebungen und ihr ganzes Leben der Erforschung der Dinge widmen, nicht der Aufgabe entzogen, den Nutzen und Vorteil für ihre Mitmenschen zu mehren. Sie haben nämlich viele Mitbürger durch ihren Unterricht dazu gebracht, bessere und dem Staatswesen nützlichere Bürger zu werden; so zum Beispiel wurden der Thebaner Epameinondas von dem Pythagoreer Lysis[1], der Syrakuser Dion[2] von Plato gebildet und viele andere mehr.

Auch ich selbst verdanke alles, was ich für unseren Staat geleistet habe, wenn es denn so war, meinen Lehrern, durch deren Unterricht ich befähigt wurde, mit dem gehörigen Rüstzeug die Staatslaufbahn einzuschlagen. Und nicht allein zu ihren Lebzeiten und durch persönlichen Unterricht bilden und belehren solche Männer lernbegierige Schüler, sondern auch nach ihrem Tod erreichen sie denselben Zweck dadurch, dass sie von sich schriftliche Denkmäler hinterlassen. Denn kein Thema, das sich auf die Gesetzgebung, auf die Sittenlehre, auf die Staatsverfassung bezieht, ist von ihnen ausgelassen worden, sodass man von ihnen sagen kann, dass sie ihre Muße angewandt haben zum Vorteil und Nutzen für unser eigenes Tun. So sehen wir also, dass gerade diese Gelehrten und Weisen ihre Klugheit und Einsicht ganz vorzüglich zum Nutzen der Menschen eingebracht haben. Und aus diesem Grunde ist die Fähigkeit, sich beredt auszudrücken und das zugleich auch gepaart mit Klugheit, besser als selbst das scharfsinnigste Denken ohne jede Beredsamkeit, weil sich das Denken dann um sich selbst dreht, während die Beredsamkeit sich auch auf die Gemeinschaft derer erstreckt, mit denen wir in Verbundenheit leben.

De officiis 1, 153–156

1. Der Pythagoreer Lysis, der im 5. und frühen 4. Jahrhundert v. Chr. lebte, war der Lehrer des thebanischen Staatsmanns Epameinondas. Bei Platon wird er die führende Person in seinem Dialog *Lysis* über die Freundschaft, die bei den Pythagoreern eine Art Kultform erreichte.
2. Dion war der Schwager und später der Schwiegersohn des Tyrannen Dionysios I. von Syrakus. Als begeisterter Anhänger der Philosophie veranlasste er Platon zu seinen Reisen nach Sizilien, wo dieser hoffte, seine Theorie des idealen Staates in die Praxis umzusetzen. Dieser Versucht, eine Utopie Wirklichkeit werden zu lassen, scheiterte, und Dion wurde aus Syrakus verbannt, lebte dann in Athen und fand 354 v. Chr. durch Meuchelmord sein Ende.

Die Vergänglichkeit der menschlichen Werke und des irdischen Ruhms

Im 6. Buch über den Staat (de re publica) *schildert Cicero einen fiktiven Traum des römischen Feldherrn Publius Cornelius Scipio Africanus Aemilianus Minor, auch der jüngere Scipio genannt; dieser war 149 v. Chr. zu Beginn des 3. Punischen Krieges als Tribun in die römische Provinz Africa gekommen. Nachdem er den numidischen König Masinissa getroffen hatte, verbringen beide den Abend im Gespräch, und Masinissa erzählt ihm, er habe seinen Adoptivgroßvater Publius Cornelius Scipio Africanus, den Bezwinger Hannibals bei Zama, kennen gelernt und auch seinen leiblichen Vater Lucius Aemilius Paullus. In der Nacht hat der jüngere Scipio Aemilianus dann einen Traum: Va-*

ter und Großvater empfangen ihn in den himmlischen Gefilden und erklären ihm die kosmische Ordnung der Welt und die Unsterblichkeit der Seelen. In diesem von pythagoreischen, platonischen und stoischen Ideen durchwirkten Somnium Scipionis *(Der Traum Scipios) verbindet sich die hohe sittliche Auffassung vom Staatslenker mit der Idee der Unsterblichkeit der Seele in einer mystischen Schau des Alls. Die menschliche Ordnung erscheint hier als Abbild der ewigen Weltenordnung, wobei der Makrokosmos und der Mikrokosmos eine Einheit bilden, die vom alles durchwaltenden Logos zusammengehalten wird. Das* somnium Scipionis *gehört zu den schönsten und zugleich geheimnisvollsten Stücken, die die antike Literatur hervorgebracht hat.*

Als ich unter dem Konsul Manius Manilius als dessen Kriegstribun bei der vierten Legion, wie ihr wisst, nach Africa gekommen war, lag mir nichts dringender am Herzen, als den König Masinissa[1] zu besuchen, der aus sehr begründeten Ursachen mit unserer Familie eng befreundet war. Als ich zu ihm kam, umarmte mich der alte Mann und brach in Tränen aus; darauf blickte er zum Himmel auf und sagte:« Ich sage euch nun Dank, du über alles erhabene Sonne, und ihr übrigen Himmelsmächte, dass ich, ehe ich aus diesem Leben scheide, hier in meinem Königreiche und unter diesem meinem Dache den P. Cornelius Scipio sehe, dessen Name sogar in mir wieder neues Leben weckt; so unauslöschlich ist in meinem Herz das Andenken an jenen hervorragenden Mann und unbesiegbaren Helden eingegraben.« Darauf erkundigte ich mich bei ihm nach dem Zustand seines Königreiches, er sich bei mir nach dem unseres Staates: und im gegenseitigen ausführlichen Austausch unserer Gedanken und Empfindungen verging uns jener Tag.

Darauf folgte ein mit königlicher Pracht zubereitetes Gastmahl, wobei wir unser Gespräch bis in die tiefe Nacht fortsetzten und der königliche Greis nur über Africanus sprach, und sich nicht nur aller Taten, sondern auch all seiner Worte erinnerte. Als wir uns getrennt hatten, um schlafen zu gehen, fühlte ich mich teils von der Reise teils von dem langen Aufbleiben erschöpft und fiel in einen ungewöhnlich tiefen Schlaf. Da erschien mir – ich glaube, es war eine Folge unserer Unterhaltung, denn gewöhnlich verursachen unsere Gedanken und Gespräche im Schlaf dann die Wirkung, die Ennius[2] an sich erfuhr, als ihm Homer erschien, über den er nämlich häufig im wachen Zustand nachdachte und redete – da erschien mir also Africanus, und zwar in der Gestalt, die mir mehr aus seinem Bild als aus meiner persönlichen Erinnerung an ihn bekannt war. Als ich ihn erkannte, erschauderte ich zwar, aber jener sagte: »Fasse nur Mut, mein Scipio, lass alle Furcht fahren, und behalte fest im Gedächtnis, was ich dir sagen werde. Siehst du da drunten jene Stadt, die ich gezwungen habe, dem römischen Volk zu gehorchen und die jetzt die früheren Kämpfe erneut und nicht ruhig bleiben kann?«

Bei diesen Worten zeigte er mir Karthago von einem erhabenen, sternenübersäten, glänzenden und hellen Standpunkt aus – die Stadt, die zu bekämpfen du jetzt sozusagen als einfacher Soldat kommst. Diese Stadt wirst du nach zwei Jahren als Konsul zerstören und du wirst den Beinamen, den du jetzt nur von mir ererbt hast, dir durch eigene Verdienste erworben haben. Wenn du dann aber

Karthago zerstört, einen Triumph gehalten und das Amt des Censors verwaltet hast, sodann als Legat nach Ägypten, Syrien, Asien, Griechenland gekommen bist, dann wirst du in Abwesenheit zum zweiten Mal zum Konsul gewählt werden, einen höchst wichtigen Krieg beenden und Numantia zerstören. Dann aber, wenn du im Triumphwagen auf das Kapitol gefahren bist, wirst du einen Staat vorfinden, der durch die Umtriebe meines Enkels[3] in Verwirrung gebracht worden ist.

Hier wirst du, Africanus, dem Vaterland das Licht deiner Begabung, deines Geistes und deiner Einsicht zeigen müssen. Aber gerade für jene Zeit sehe ich gleichsam einen zweifachen Weg des Schicksals. Denn wenn dein Lebensalter achtmal sieben wiederkehrende Sonnenumläufe vollendet hat und diese zwei Zahlen, deren jede, aber aus verschiedenen Gründen, für voll gilt, dem natürlichen Umlauf gemäß die dir verhängte Summe von Lebensjahren vollzählig gemacht haben[4], dann wird auf dich und deinen Namen der Blick des gesamten Vaterlandes gerichtet sein; auf dich werden der Senat, auf dich alle gutgesinnten Bürger, auf dich die Bundesgenossen, auf dich die Latiner schauen; du wirst der einzige sein, auf dem des Staates Rettung beruht: kurz: du wirst als Diktator das Vaterland und seine Verfassung wieder herstellen müssen, wenn du den frevelhaften Händen deiner Verwandten entrinnst. – Da tat Laelius einen lauten Schreckensruf, alle übrigen seufzten tief auf; aber Scipio lächelte sanft und fuhr fort – Ich bitte euch, weckt mich nicht aus meinem Schlafe: merkt auf und vernehmet noch ein Weilchen das übrige.

Aber damit du, Africanus, dich umso zuversichtlicher für den Schutz des Vaterlands einsetzt, so wisse: Alle, die das Vaterland erhalten, geschützt und vergrößert haben, finden im Himmel einen bestimmten ihnen angewiesenen Platz, wo sie in Glückseligkeit ein ewiges Leben genießen sollen. Denn nichts ist jenem höchsten Gott, der diese ganze Welt regiert, unter allem, was auf Erden geschieht, wohlgefälliger als Vereinigungen und Verbindungen von Menschen, die Gleichheit der Rechte zusammengeführt hat und welche Staaten genannt werden; deren Leiter und Erhalter kehren nach ihrem Tod hierher wieder zurück, von wo sie auch aufgebrochen sind.«

Obwohl mich zwar nicht aus Furcht vor dem Tod, aber doch vor den Nachstellungen der Meinigen, ein Schauder gepackt hatte, fragte ich ihn dann, ob denn er und mein Vater Paullus und andere, die wir für gestorben halten, noch leben. »Natürlich«, erwiderte er, »leben diejenigen, die den Banden des Körpers gleichsam wie einem Gefängnis entronnen sind: was aber bei euch Leben heißt, das ist der eigentliche Tod. Schau nur auf und sieh, wie dein Vater Paullus dir gerade entgegenkommt.«

Als ich ihn erblickte, vergoss ich einen Strom von Tränen. Jener aber umarmte und küsste mich und versuchte mich am Weinen zu hindern. Sobald ich mein Weinen unterdrückt hatte und wieder reden konnte, sprach ich: »Ehrwürdigster und bester Vater: wenn denn dieses hier das Leben ist, wie ich eben Africanus sagen höre, was soll ich denn noch weiterhin auf Erden weilen, warum nicht eilen, hierher zu euch zu kommen?« – »So ist es nicht«, erwiderte jener. »Denn erst wenn dich der Gott, dessen

Tempel dieses All ist, das du vor dir siehst, aus jener Gefangenschaft im Körper befreit hat, kann dir der Zugang hierher offen stehen. Denn das ist die Bestimmung, unter der die Menschen zur Welt geboren sind, dass sie jene Kugel, die du hier in diesem Raum in der Mitte siehst, beschützen, welche Erde genannt wird: und es ist ihnen ein Geist mitgegeben worden aus jenen ewig flammenden Lichtern, die ihr Gestirne und Sterne nennt; diese sind rund und kugelgestaltig, von göttlichen Seelen belebt und vollenden ihre Bahnen und Kreisläufe mit wunderbarer Geschwindigkeit. Darum musst du, mein Publius, und jeder Gottesfürchtige, den Geist im Gefängnis des Körpers belassen und nicht ohne Geheiß dessen, von welchem jener euch gegeben ist, aus dem Leben unter den Menschen scheiden, damit euch nicht der Vorwurf treffen kann, dass ihr vor eurer Pflicht als Menschen, die euch von Gott angewiesen ist, weggelaufen seid. Aber so, mein Scipio, wie dein Großvater hier und wie ich, dein Vater, musst du Gerechtigkeit üben und ehrfurchtsvolle Liebe: Tugenden, zu denen wir gegen Eltern und Verwandte in hohem Grade verpflichtet sind, im höchsten Grade aber gegen das Vaterland. Das ist der Weg zum Himmel und zu der Versammlung derjenigen, die ihr Erdenleben bereits vollendet haben und aus den Fesseln des Körpers befreit jenen Raum bewohnen, den du vor dir siehst.«

Es war dies ein Kreis, der in ganz hellweißem Glanz zwischen den Sternen hervorschimmerte, den ihr, wie ihr es von den griechischen Vätern übernommen habt, Milchstraße nennt: ein Raum, von dem aus betrachtet mir alles Übrige herrlich und wunderbar erschien. Es gab aber da Sterne, die wir niemals von hier aus erblickten, und alle von einer Größe, die wir nie ahnten: und von diesen war der kleinste der, welcher, der äußerste im Himmelsraum, und der nächste an der Erde, von fremdem Licht leuchtete. Die Kugelmassen der Sterne aber waren von einem Umfang, welcher den der Erde bei weitem übertraf. Die Erde selbst dagegen schien mir so klein, dass mir unser Reich, das gleichsam nur einen Punkt auf ihr einnimmt, nicht mehr der Rede wert schien.

Als ich nach dieser noch genauer hinsah, sagte Africanus zu mir: »Wie lange wird doch deine Seele an diese Erde gefesselt bleiben? Siehst du noch nicht, in welche heiligen Räume du gekommen bist? Da hast du vor dir neun Kreise oder vielmehr einander umschließende Kugeln, in denen das ganze Weltall zusammen verknüpft ist. Der erste von diesen ist der Himmelskreis, der äußerste, der die übrigen alle umfängt, er selbst der höchste Gott, der alle andern umschließt und zusammenhält; an ihm sind jene sich wälzenden ewigen Umläufe der Sterne befestigt. Tiefer als er stehen die sieben Kreise, welche sich rückwärts in einer dem Umschwung des Himmels entgegengesetzten Richtung bewegen. Einen dieser Kugelkreise nimmt der Stern ein, den man auf der Erde Saturn nennt; auf ihn folgt der dem Menschengeschlecht Glück und Heil bringende leuchtende Ball, welcher Jupiter heißt; dann der glutrote und der Erde furchtbare, den ihr den Mars nennt. Unmittelbar unter ihm ungefähr den mittelsten Kreis nimmt der Sonnenball ein, das Oberhaupt, der Vorsteher und Ordner der übrigen Lichter, die Seele der Welt und ihr Maßgeber, eine Masse von solcher

Größe, dass sie alles mit ihrem Licht beleuchtet und erfüllt. An sie schließen sich, wie ihr Gefolge, zwei Kreise an, die Bahn der Venus, und die des Merkur; und im untersten Kreise dreht sich der von den Strahlen der Sonne beleuchtete Mond. Was aber unter diesem ist, ist alles sterblich und vergänglich, außer den Seelen, die dem Menschengeschlecht durch der Götter Gabe verliehen sind; über dem Mond ist alles ewig; denn der Ball, welcher der mittelste ist und der neunte, der Erdball, ist unbeweglich und der unterste, und zu ihm streben alle Massen mit ihrer Schwerkraft.«

Als ich dies staunend anschaute und mich endlich wieder gesammelt hatte, sprach ich: »Was ist das für ein gewaltiger und zugleich so lieblicher Ton, der mein Ohr erfüllt?« – »Das ist der Ton«, erwiderte jener, »der in ungleichen Zwischenräumen, die jedoch in regelmäßigen Verhältnissen genau berechnet voneinander abstehen, zusammenhängend, durch den Schwung und die Bewegung der Kreise selbst bewirkt wird, und, das Hohe mit dem Tiefen ausgleichend, in gleichförmigem Gang abwechselnde Harmonien hervorbringt. Denn nicht ohne Ton kann der Schwung so gewaltiger Bewegungen sein, und es liegt in dem Gesetz der Natur, dass der äußerste Kreis auf der einen Seite tief, auf der anderen aber hoch tönt. Aus diesem Grunde schwingt sich jener oberste die Sterne tragende Himmelskreis, dessen Umdrehung rascher ist, mit hochtönendem durchdringend scharfem Klang; mit dem tiefsten aber dieser Mondkreis, der unterste von allen. Denn die Erde, der neunte Ball, rührt sich nicht, bleibt immer am äußersten, untersten Ruhepunkt und nimmt die Mitte der Welt ein. Jene acht Bahnen aber, von denen zwei, die des Merkur und der Venus, gleichen Ton haben, bilden sieben nach Zwischenräumen sich unterscheidende Töne: und diese Zahl ist fast der Knoten aller Dinge. Dies haben denn kenntnisreiche Männer auf Saiten und im Gesange nachgebildet und sich dadurch die Rückkehr an diesen Ort gebahnt, so wie andere, welche sich mit ausgezeichneten Talenten während ihres Lebens als Menschen göttlichen Studien gewidmet haben. Von diesem Ton sind die Ohren der Menschen immer angefüllt und darum für ihn taub geworden: überhaupt ist kein Sinn stumpfer an euch als dieser: so wie da, wo der Nil in der Gegend, die Katarakt heißt, von himmelhohen Gebirgen sich herabstürzt, das Volk, das in der Nähe dieses Sturzes wohnt, wegen des ungeheuren Getöses, des Gehörsinnes beraubt ist. Aber dieser durch die gewaltigste Schwungbewegung der ganzen Welt erregte Ton ist so stark, dass ihn die Ohren der Menschen gar nicht fassen können, so wie ihr nicht gegen die Sonne blicken könnt und euer Blick und eure Sehkraft durch ihre Strahlen überwältigt wird.«[5]

Während ich dies mit Verwunderung vernahm, wandte ich doch meine Blicke von Zeit zu Zeit wieder auf die Erde.

Da sagte Africanus: »Ich merke wohl, dass du immer noch den Wohnsitz und die Heimat der Menschen betrachtest. Erscheint dir diese so klein, wie sie wirklich ist, so halte deinen Blick nur immer hierher, auf das himmlische Geschehen, gerichtet; und verachte jenes irdische. Denn welche Berühmtheit im Munde der Menschen oder welchen wünschenswerten Ruhm kann es dir verschaffen? Du siehst, wie wenig zahlreich und wie schmal die bewohnten Räume auf der Erde sind und wie selbst zwischen den bewohnten Erdflecken große öde Strecken liegen, und dass die Bewohner der Erde selbst nicht nur so voneinander getrennt sind, dass die einen von den anderen gar keine Nachricht bekommen können, sondern dass sie im Verhältnis zu euch teils schräg, teils quer, teils mit den Füßen euch entgegengekehrt auf ihrem Boden stehen. Bei denen berühmt zu werden, könnt ihr doch wahrhaftig nicht erwarten.

Du siehst aber, wie die Erde zugleich auch mit gewissen Gürteln umwunden und umgeben ist, und bemerkst, dass die beiden am weitesten voneinander getrennten, die von beiden Seiten an die Scheitelpunkte des Himmels sich anstemmen, von Frost erstarrt sind, dass aber der mittelste und größte Erdgürtel von der Sonnenglut ausgedörrt wird; und dass nur zwei bewohnbar sind; von denen jener südliche, dessen Bewohner ihre Fußsohlen den eurigen entgegenkehren, mit eurem Menschenstamm in gar keiner Berührung steht; die andere Zone, die jener entgegengesetzt ist, auf der nördlichen Erdhälfte, die ihr bewohnt – da sieh nur, welch ein schmaler Streifen mit euch in Verbindung steht. Denn der ganze Erdstreifen, der von euch bewohnt ist, der an den Scheitelpunkten schmal, an den Seiten hinaus ausgedehnter erscheint, ist im Grunde ein kleines Eiland, von dem Meer umflossen, das ihr auf der Erde das Atlantische, das große Weltmeer, den Ozean nennt, das aber, wie du siehst, für seinen so hochtönenden Namen klein genug ist. Und hat selbst von diesen bewohnten und bekannten Ländern dein Name oder der Name irgendeines der Unsrigen auch nur über den Kaukasus, den du da liegen siehst, hinübersteigen oder den Ganges dort durchqueren können? Und wer wird gar vollends in den übrigen Teilen der äußersten Ostwelt und Westwelt, oder im entferntesten Norden oder Süden deinen Namen vernehmen? Und wenn du dies alles abziehst, dann begreifst du doch wirklich, in welch engem Raum euer Ruhm sich breit machen will. Aber selbst die, die von euch sprechen, wie lange werden sie wohl von euch sprechen? Ja sogar, wenn jene Generation künftiger Menschen wirklich in aufeinander folgender Reihe die Ruhmestaten eines jeden von uns mit der von den Vätern ererbten Kunde auf die Nachwelt weitergeben wollte, so könnten wir doch wegen der Überschwemmungen und Weltbrände, die immer nach bestimmten Zeitumläufen wiederkehren müssen, nicht nur keinen ewigen, sondern nicht einmal einen lange dauernden Ruhm gewinnen. Was gewinnst du aber damit, dass bei denen, die später geboren werden, die Rede von dir sein wird, da alle diejenigen nichts von dir sprachen, die vor dir gelebt haben? Und das waren wahrlich nicht weniger, und auf jeden Fall tüchtigere Leute: besonders da selbst bei denen, von welchen unser Name gehört werden kann, keiner es dahin bringen kann, dass sich sein Andenken auch nur ein Weltjahr lang erhält.

Freilich rechnen die Menschen im gewöhnlichen Leben schon den Umlauf der Sonne, das heißt, eines einzigen Gestirnes, bis zu ihrer Wiederkehr an derselben Stelle, für ein Jahr; allein erst, wenn alle Sterne wieder an demselben Punkt stehen, an dem sie zu einer gewissen Zeit gestanden sind, und nach Verlauf einer langen Zeitfrist am ganzen Himmel dieselbe Stellung der Gestirne gegeneinander wieder stattfindet, dann kann man dies erst wirklich einen Jahresumlauf nennen, der aber so viele Jahrhunderte der Menschen umfasst, dass ich es kaum auszusprechen wage. Denn wie z. B. in der Vorzeit einmal die Sonne ganz zu erbleichen und zu erlöschen schien, um die Zeit, als gerade des Romulus Seele sich zu diesen Räumen hier aufschwang, so wird dann, wenn einmal auf derselben Stelle und um dieselbe Jahres- und Tageszeit die Sonne wieder verfinstert wird und zugleich alle himmlischen Zeichen und alle Sterne wieder an demselben Punkt wie damals stehen, von welchem aus sie sich dann weiter in Bewegung setzten und ihren Umschwung nahmen, ein eigentliches volles Weltjahr zu rechnen sein: aber wisse, dass von diesem Jahr seit Romulus' Tod noch nicht der zwanzigste Teil verlaufen ist.[6]

Wenn du daher an die Rückkehr an diesen Ort verzweifelst, wohin alles Streben großer und ausgezeichneter Männer gerichtet ist, wie hoch ist denn der Ruhm bei den Menschen anzusetzen, der sich kaum über einen ganz unbedeutenden Teil eines Weltjahres erstrecken kann? Willst du also deinen Blick nach oben erheben und diese Wohnungen und diese ewige Heimat vor Augen behalten, so lass dir nicht an dem Gerede des Volkes alles gelegen sein, setze nicht alle deine Hoffnung auf den Lohn, den dir Menschen gewähren können: lass dich die Tugend durch ihre eigene Verlockung zu dem hinan heben, was wahrhaft Ehre bringt. Was andere von dir reden mögen, das lass du dahin gestellt sein. Reden werden sie freilich allemal. Aber all jenes Gerede beschränkt sich auf den engen Raum der Gegenden, die du hier siehst, und es ist noch überdies nie über irgendeinen ewig gewesen; vielmehr wird es mit dem Sterben der Menschen allmählich verschwinden und erlöscht endlich ganz in dem Vergessen der Nachwelt.«

Als er dieses gesprochen hatte, erwiderte ich: »Ja, mein Africanus, weil also denjenigen, der sich um das Vaterland wohl verdient gemacht hat, gleichsam schon die vorgezeichnete Bahn zum Zugang in den Himmel geöffnet ist, so will ich denn, wiewohl ich von Jugend auf in meines Vaters und deine Fußstapfen getreten bin und mich stets bemüht habe, euch Ehre zu machen, jetzt, da ich einen so hohen Lohn vor mir sehe, mit noch größerer Wachsamkeit zu ihm emporstreben.

»Nun so strebe denn weiter«, sagte er, »und wisse, dass nicht du sterblich bist, sondern nur dieser Leib; denn nicht bist du es, den diese äußere Gestalt des Körpers darstellt, sondern eines jeden Seele ist sein wahres Ich, und nicht die Figur, auf die man mit dem Finger zeigen kann. So wisse denn, dass du ein Gott bist, wenn nämlich ein Wesen Gott ist, das lebt, empfindet, zurückdenkt und sich erinnert, vorwärts in die Zukunft sieht, und ebenso den Körper, über den es gesetzt ist, regiert und lenkt und bewegt, wie jener höchste Gott diese Welt: so nämlich, wie die in gewisser Hinsicht sterbliche Welt der ewige Gott in Bewegung erhält, so die ewige Seele den vergänglichen Körper.

Denn was immer sich bewegt, ist ewig, was aber ein anderes in Bewegung setzt und selbst wieder von anderswoher in Bewegung gesetzt wird, das muss, sobald seine Bewegung aufhört, auch zu leben aufhören. Nur also das, was sich selbst bewegt, weil es nie von sich selbst im Stich gelassen wird, hört auch nie auf, sich zu bewegen. Ja es ist sogar für andere Dinge, die bewegt werden, Quelle und Anfang der Bewegung. Der Anfangspunkt aber, die *Ur*ursache, hat keinen Ursprung; denn aus ihm entspringt ja alles, er selbst aber kann seine Entstehung aus keiner anderen Sache haben; denn das wäre ja nicht der Anfangspunkt, was anderswoher entspränge; und entsteht er nie, so geht er auch nie unter. Denn ein untergegangener Anfangspunkt könnte weder selbst aus einem anderen wiedergeboren werden noch etwas anderes aus sich hervorbringen: denn vom Anfangspunkt muss ja notwendig alles ausgehen. Es muss also der Anfangspunkt der Bewegung von dem ausgehen, was in sich selbst die Ursache seiner Bewegung hat: das aber kann weder geboren werden noch sterben, sonst müsste notwendig der ganze Himmel zusammenstürzen und die ganze Natur stillstehen und könnte gar keine Kraft bekommen, durch deren ersten Anstoß sie in Bewegung geriete.

Da nun also klar ist, dass das ewig ist, was durch sich selbst bewegt wird, wer möchte leugnen, dass die Seelen ihrer Natur nach Wesen dieser Art sind? Denn unbeseelt ist alles, was durch einen Stoß von außen in Bewegung gesetzt wird; was aber lebend ist, das wird durch innere und eigene Bewegung angeregt, denn das ist die eigentümliche Natur und Kraft der Seele. Ist sie aber von allem, was da ist, das einzige, das sich selbst bewegt, so ist sie natürlich nicht entstanden und ewig.[7]

Diese übe du denn in den besten Bestrebungen; die edelsten aber sind die Bemühungen um das Wohl des Vaterlandes. Wenn sie sich mit diesen beschäftigt und diese zum Ziel ihrer Anstrengungen macht, wird die Seele sich schneller in diesen ihren Wohnsitz und ihre Heimat aufschwingen können. Und umso rascher wird sie dies tun, wenn sie schon, solange sie im Körper eingeschlossen ist, hinausstrebt und sich durch die Betrachtung der Außenwelt möglichst stark vom Körper loslöst. Denn die Seelen derjenigen, die sich den Lüsten des Körpers ergeben und sich gleichsam zu dessen Diener hergegeben haben und die, wenn die Begierden sie stachelten, der Sinnenlust frönten, göttliche und menschliche Rechte verletzt haben, die schweben, wenn sie aus den Körpern heraus sind, immer noch um die Erde und kommen erst, nachdem sie viele Jahrhunderte umher getrieben worden sind, hierher zurück.«

Jener verschwand, und ich erwachte.

De re publica 6, 9–29

1. Masinissa (238–148 v. Chr.), König von Numidien, hatte im 2. Punischen Krieg als Verbündeter Karthagos gegen Rom gekämpft, trat aber später zu den Römern über und hatte einen bedeutenden Anteil am Sieg der Römer über die Punier in der Schlacht von Zama (202). Er war eng mit dem älteren Scipio Africanus befreundet.
2. Der römische Dichter Ennius (239–196) schuf mit seinen *Annales* das größte römische Nationalepos vor Vergils *Aeneis* und galt schon als zweiter Homer. In Anlehnung an pythagoreische Vorstellungen über die Seelenwanderung berichtet Ennius zu Beginn seines Epos, dass Homer ihm erschienen und in ihn eingegangen sei.

3. Scipio spielt hier auf Tiberius Gracchus an, einen Sohn der Cornelia, der Tochter des älteren Scipio. Das von Tiberius Gracchus in Vorschlag gebrachte Ackergesetz, nach dem niemand mehr als 500 Morgen von Staatsland behalten sollte, rief vor allem bei den Großgrundbesitzern große Unruhe hervor.
4. Nach der Lehre der Pythagoreer beruht alles auf der Zahl. Sie hielten die Zahl für das bestimmende Prinzip der Welt; nach ihrer Zahlensymbolik gilt die Zahl 7 als vollkommen, da sie eine aus der heiligen Zahl 3 und der ersten Quadratzahl 4 gebildete Primzahl ist. Der Zahl 8 kommt als erster Kubikzahl eine besondere Bedeutung zu. Das in dunkler Zahlensymbolik ausgedrückte Lebensalter Scipios (185–129 v. Chr.) ist als 7 × 8 Jahre, also 56.
5. Der ganze Abschnitt ist durchzogen von pythagoreischer Mystik. Für Pythagoras stellt das ganze Weltall einen wunderbaren Kosmos dar, eine Ordnung, die auf bestimmten Zahlenverhältnissen und musikalischen Harmonien beruht, welche im Weltall eine Sphärenharmonie erklingen lassen.
   Ein weiterer wichtiger Bestandteil in der esoterischen Sekte der Pythagoreer waren die *Metempsychose* (Lehre von der Seelenwanderung), die *Reinkarnation* und die periodische Wiederkehr aller Dinge. Die Seelen sind in ein Rad der ewigen Wiedergeburt gebannt und steigen immer wieder in Menschen, Tiere und sogar Pflanzen hinab, um dann nach deren Ableben die körperliche Hülle zu verlassen und erneut in den Luftraum zurückzukehren – *soma psyches sema* (Der Körper ist das Grab der Seele) soll Pythagoras schon vor Platon formuliert haben. Dass der Mensch nicht aus sich heraus aus dem Gefängnis des Körpers entfliehen darf, bedeutet ein Verbot des Freitodes.
6. Für die Stoiker ist alles Bestehende körperlicher Natur, und dabei gehen sie auf die Lehre des Vorsokratikers Heraklit zurück. Eine alles durchdringende Urkraft wirkt in der Welt.

Diese Urkraft ist der Feuerhauch *(pneuma)*, der mit der Allvernunft *(logos)* begabt ist. Auch die Seele ist Teil dieses göttlichen Urfeuers und geht erst zugrunde, wenn nach einer unendlich großen Zeitperiode die Welt durch das Urfeuer *(ekpyrosis)* vernichtet wird und dann alles wieder neu entsteht *(palingenesis)*; im zyklischen Weltdenken der Stoiker geschieht das immer wieder und ewig, und alle Dinge kehren wieder in ihren Zustand zurück.
Das christliche Weltbild hingegen ist linear und eschatologisch: es geht von einem Punkt der Entstehung aller Dinge aus und endet dann bei den letzten Dingen am Jüngsten Tage (griech. *eschaton* = die letzten, äußersten).
Ein Weltjahr umfasst den Zeitraum von *ekpyrosis* zu *ekpyrosis* und ist erst dann vollendet, wenn alle Gestirne ihre ursprüngliche Konstellation wieder erreicht haben (*apokatastasis panton* = Wiederherstellung aller Dinge).

7. Dieser Beweis der Unsterblichkeit der Seele, abgeleitet aus dem Begriff der Eigenbewegung, ist eine fast wortgetreue Übersetzung aus Platons Dialog *Phaidros* (245c–246a). Cicero hat diese Passage nochmals wortgetreu in den *Tusculanen* (1, 53–54) benutzt: auch dort geht es um die Unsterblichkeit der Seele. Vgl. das Kapitel »Der Tod ist kein Übel«.

Das Naturrecht

Das wahre Gesetz ist die rechte Vernunft, die mit der Natur in Einklang steht; sie besitzen alle Menschen, und sie bleibt sich selbst gleich und ist unwandelbar und ewig. Sie ruft durch Gebot zur Ausübung der Pflicht auf und durch

Verbot schreckt sie vom Unrecht ab. Sie gebietet aber oder verbietet den Rechtschaffenen ebenso wenig vergebens, wie sie die Unredlichen durch Gebot und Verbot beeindruckt. Dieses Gesetz darf aufgrund göttlicher Ordnung nicht geändert werden: weder darf man etwas teilweise aus ihm abschaffen noch darf man es ganz beseitigen. Auch kann uns weder der Senat noch das Volk davon entbinden, es zu befolgen. Es braucht auch keinen anderen, der es deutet und auslegt. Auch wird nicht ein anderes Gesetz in Rom, ein anderes in Athen, ein anderes jetzt, ein anderes künftig Geltung besitzen, sondern alle Völker wird dieses eine ewige und unveränderliche Gesetz verbinden und zwar zu allen Zeiten, und es wir auch nur einen einzigen gemeinsamen Lehrer und Gebieter aller geben, nämlich Gott. Er ist der Urheber dieses Gesetzes, der Richter und der Antragsteller, und wer diesem nicht gehorchen wird, wird sich selbst entfliehen und, indem er die menschliche Natur verschmäht, eben dadurch selbst aufs Höchste bestraft werden, auch wenn er anderen vermeintlichen Strafen entgangen ist.

De re publica 3, 33

Briefe aus dem Exil

In seinem Konsulat 63 v. Chr. hatte Cicero die Umsturzpläne des adligen Aufrührers Catilina vereitelt und dessen Mitverschwörer hinrichten lassen, wofür ihm zunächst der Ehrentitel pater patriae *(Vater des Vaterlandes) verliehen wurde. Weil er aber damit römische Bürger ohne ein vorheriges angemessenes Rechtsverfahren hatte töten lassen, wurde er von seinen Gegnern, insbesondere vom Volkstribunen P. Clodius Pulcher, 58 v. Chr. gezwungen, ins Exil zu gehen. Cicero ging freiwillig zunächst nach Dyrrhachium (im heutigen Albanien), dann ins makedonische Thessaloniki, sein Besitz wurde enteignet. Allerdings rief ihn der Senat bereits nach einem Jahr nach Rom zurück und gab ihm seine konfiszierten Güter wieder. Cicero spielte aber fortan keine bedeutende politische Rolle mehr, da sich nun Caesar und Pompeius um die Macht stritten.*

In großer Not

Mitte März 58 hatte Cicero Rom freiwillig verlassen, um sich über Brundisium nach Griechenland zu begeben. Am 29. April trat Cicero die Überfahrt an; der folgende Brief ist am Tag der Abreise geschrieben.

Tullius grüßt seine Terentia, seine Tullia und seinen Cicero

Ich sende euch weniger häufig Briefe, als ich könnte, weil zum einen meine ganze gegenwärtige Lage elend ist, und zum anderen, weil ich so von Tränen überwältigt werde, wenn ich euch schreibe oder eure Briefe lese, dass ich es nicht aushalten kann. Wenn wir doch weniger gierig am Leben gehangen hätten! Dann hätten wir jetzt im Leben nichts oder nicht so viel Übles zu sehen bekommen. Wenn aber das Schicksal uns die Hoffnung aufgespart hat, dass wir irgendwann einmal wieder glücklicheren Zeiten entgegensehen können, dann wäre der Irrtum von uns weniger groß.[1] Wenn die gegenwärtigen

Übel unabänderlich sind, dann wünsche ich dich, Terentia, du mein Leben, möglichst bald wieder zu sehen und in deiner Umarmung zu sterben, weil weder die Götter, die du so fromm verehrt hast, noch die Menschen, denen ich immer zu Diensten war, uns Wohlwollen erwiesen haben.

Ich war 13 Tage lang in Brundisium bei M. Laenius Flaccus, einem ausgezeichneten Mann, der die Gefahr für sein eigenes Vermögen und Leben hintan stellte, um mich zu retten, und der sich nicht durch die Strafandrohung jenes überaus schändlichen Gesetzes[2] dazu verleiten ließ, mir das Recht und die Pflicht der Gastfreundschaft abzuschlagen. Oh könnte ich ihm doch irgendwann einmal dafür Dank abstatten! Dankbar ihm gegenüber werde ich jedenfalls immer sein.

Von Brundisium sind wir am 29. April aufgebrochen, um über Makedonien nach Kyzikos[3] zu gelangen. Oh ich Armer, ich Niedergeschlagener! Was nun? Soll ich dich bitten, dass du kommst, eine Frau, die sowohl körperlich wie auch seelisch krank und mitgenommen ist? Soll ich dich nicht bitten? Soll ich ohne dich sein? Ich glaube, ich sollte es so machen: wenn noch eine Hoffnung auf meine Rückkehr besteht, dann sollst du sie bekräftigen und fördern. Wenn die Sache aber, wie ich meine, vorbei ist, dann sieh zu und komme zu mir, wie immer du es kannst. Denn das eine sollst du wissen: wenn ich dich bei mir habe, dann werde ich mich nicht völlig verloren vorkommen.

Aber was wird aus meiner kleinen Tullia? Darüber müsst ihr selbst entscheiden, denn ich weiß da keinen Rat. Aber wie auch immer die Sache ausgehen wird, auf die

Ehe und den Ruf der Ärmsten muss Rücksicht genommen werden[4].

Und was macht mein kleiner Cicero? Der sei immer in meinem Schoß und meiner Umarmung. Ich kann schon nicht mehr weiterschreiben, die Traurigkeit hindert mich. Ich weiß nicht, was du gemacht hast: ob du noch etwas besitzt oder ob dir, wie ich befürchte, alles genommen worden ist.

Ich hoffe, dass Piso, wie du schreibst, immer der Unsrige sein wird.

Das Geschick der Freigelassenen braucht dich nicht weiter zu beunruhigen. Zunächst ist es deinen Sklaven so versprochen worden, dass du so vorgehen würdest, wie jeder es verdient: aber bisher steht nur noch Orpheus in seinem Dienst, und außer ihm gibt sich keiner besonders Mühe. Die Angelegenheit der übrigen Sklaven steht so, dass sie, wenn mein Besitz verloren geht, meine Freigelassenen sein werden, wenn sie das durchsetzen können. Wenn mein Besitz mir aber erhalten bleibt, werden sie mir bis auf wenige weiterhin dienen. Aber das sind eher unwichtige Fragen.

Dass du mich bestärkst, ich solle guten Mutes sein und weiterhin Hoffnung auf meine künftige Rettung hegen, dazu kann ich nur sagen: ich wollte, es wäre so, dass ich zu Recht hoffen könnte.

Nun, wann werde ich Armer wieder einen Brief von dir erhalten? Wer wird ihn mir überbringen? Ich hätte ihn in Brundisium erwartet, wenn es die Seeleute erlaubt hätten, aber die wollten die günstige Witterung nicht verstreichen lassen.

Was bleibt nun, meine liebe Terentia; halte aus, so ehrenvoll du es nur kannst! Wir haben ein erfülltes und glückliches Leben gehabt. Nicht mein Fehler, sondern meine Tüchtigkeit wurde mir zum Verhängnis. Bei mir liegt keine Schuld, außer dass ich mein Leben nicht zusammen mit meinem Rang und meinen Ehrestellungen verloren habe. Aber wenn es für unsere Kinder gut ist, dass ich lebe, so will ich das Übrige ertragen, auch wenn es unerträglich ist. Aber ich selbst, der ich dir Mut mache, kann es für mich selbst nicht.

Clodius Philetaerus, einen mir treu ergebenen Mann, habe ich zurück geschickt, weil er an einer Augenkrankheit leidet. Sallustius übertrifft alle an Diensteifer. Pescennius, von dem ich hoffe, dass er dich immer achten wird, ist überaus wohlwollend mir gegenüber. Sicca hatte gesagt, dass er immer bei mir bleiben wird, aber er ist von Brundisium weggegangen.

Sorge dafür, soweit es in deiner Macht steht, dass es dir gut geht und dass du gesund bleibst, und denke daran, dass ich von deinem Elend heftiger bewegt werde als von dem meinigen.

Meine Terentia, treueste und beste Gattin, mein allerliebstes Töchterchen, du kleine Tullia, und du Cicero, meine mir verbleibende Hoffnung, lebt wohl!

Ad familiares 14, 4

1. Vielleicht meint Cicero hier, dass es ein Irrtum von ihm war, dass er aus freiem Willen und fluchtartig von Rom ins Exil aufgebrochen war. Doch bald bereute er sein Verhalten und hielt es für einen Irrtum, da dieses als Eingeständnis seiner Schuld erscheinen musste.

2. Im Dezember des Jahres 59 hatte der Volkstribun P. Clodius Pulcher den Kampf gegen seinen Todfeind Cicero aufgenommen, um ihn aufgrund der *lex Porcia*, nach der kein römischer Bürger ohne Berufung auf das Volk gefesselt, gegeißelt oder hingerichtet werden darf, zu verurteilen. Der gegen Cicero gerichtete Antrag des Clodius war im April 58 als Gesetz angenommen worden, da Cicero einige Anhänger Catilinas in seinem Konsulat 63 hatte hinrichten lassen. Aufgrund dieses Gesetzes wurde Ciceros Vermögen konfisziert, er selbst für vogelfrei erklärt und auf 500 Meilen von Rom verbannt. Innerhalb dieses Gebietes war es bei strenger Strafe (Verbannung und Konfiszierung des Vermögens) verboten, Cicero Unterkunft und Verpflegung zu gewähren.
3. Kyzikos war eine griechische Stadt an der Südküste des Marmarameers in der antiken Landschaft Mysien; heute Balız bei Erdek in der Provinz Balıkesir (Türkei). Bald aber gab Cicero den Plan auf, bis nach Kyzikos zu fahren.
4. Tullia war verheiratet mit C. Calpurnius Piso, der allerdings im Jahre 57 starb, von Cicero aufrichtig betrauert. Die Aufforderung, auf Ehe und Ruf der Tochter Rücksicht zu nehmen, bezieht sich auf die pünktliche Auszahlung des Restbetrages der Mitgift. Dass Tullia in Rom bei ihrem Gatten bleiben musste und als Frau nicht die weite Reise zu ihrem Vater machen konnte, verlangte schon die Rücksicht auf ihren guten Ruf.

In Sorge um die Gattin

Am 29. April 58 setzte Cicero von Brundisium nach Dyrrhachium über, um von dort weiter nach Athen zu reisen, wo er seinen Bruder zu treffen hoffte. Da jedoch Athen noch im Ächtungsgebiet lag, änderte er seinen Plan und reiste nach Thessaloniki, wo er vom Mai bis zum Oktober 58 blieb. Darauf kehrte er nach Dyrrhachium zurück, wo er noch endlos erscheinende Monate warten musste, bis er am 4. August 57 die lange ersehnte Heimfahrt antreten konnte. Nach 17 Monaten der Verbannung traf er am 4. September 57 in Rom ein. Den folgenden Brief hat Cicero gegen Ende seines Aufenthalts in Thessaloniki am 5. Oktober 58 geschrieben.

Tullius grüßt seine Terentia, seine kleine Tullia und seinen Cicero

Glaube nur nicht, dass ich an jemanden längere Briefe schreibe außer an jemand, der mir mehr geschrieben hat, von dem ich dann denke, dass ich ihm zurück schreiben muss. Ich habe nämlich nichts, was ich schreiben könnte, und zudem fällt mir derzeit nichts schwerer, als Briefe zu schreiben.

An dich aber und an unsere kleine Tullia kann ich nicht ohne viele Tränen schreiben, denn ich sehe, dass ihr, die ich immer als die Glücklichsten vor Augen haben wollte, nun die Ärmsten und Elendesten seid. Das war es, wofür ich mich eigentlich hätte einsetzen müssen, und ich hätte es auch getan, wenn ich nicht so ängstlich gewesen wäre.

Unseren Schwiegersohn Piso mag ich wegen seiner Verdienste besonders. Ihn habe ich durch einen Brief so gut ich konnte ermuntert und ihm gedankt, wie es meine Pflicht ist. Wie ich sehe, setzt du eine große Hoffnung auf die neuen Volkstribunen. Diese Hoffnung wird begründet sein, wenn Pompeius' Wille zuverlässig ist; vor Crassus allerdings habe ich Angst.

Wie ich sehe, wird von dir allerdings alles höchst tüchtig und liebevoll getan, und darüber wundere ich mich nicht. Aber ich bin traurig über den Zustand, dass mein Elend noch durch dein so großes eigenes erleichtert wird. Denn P. Valerius[1], ein Mann, der mir sehr ergeben ist, hat mir geschrieben, und das habe ich unter vielen Tränen gelesen, auf welche Weise man dich vom Vestatempel zur Tabula Valeria[2] geführt hat. Ach, du mein Licht, meine Sehnsucht, wie sind doch alle zu dir gekommen, um deine Hilfe zu suchen. Dass du jetzt, meine Terentia, so gequält wirst, dass du so in Tränen und Trauer danieder liegst, das alles geschieht durch meine Schuld, der ich andere gerettet habe, und das mit dem Ergebnis, dass wir nun zugrunde gehen.

Was du von unserem Haus schreibst, wobei du unser Grundstück[3] meinst, ich werde mich erst dann wiederhergestellt fühlen, wenn ich es zurück erhalte. Das liegt allerdings nicht in meiner Hand. Ich bedauere nur, dass du, so elend und ausgeplündert du nun bist, auch noch einen Teil der Kosten tragen musst. Wenn dieser Handel gut ausgeht, werden wir alles wieder bekommen. Wenn aber dein Los mit dem meinen gleich sein wird, wirst du Ärmste dann auch noch das opfern, was dir von deinen Gütern übrig geblieben ist? Ich flehe dich an, mein Leben, was die Kosten anlangt, lass diese die anderen auf sich nehmen, wofern sie dazu imstande sind. Wenn du mich lieb hast, dann setze deine ohnehin schwache Gesundheit nicht aufs Spiel! Tag und Nacht stehst du mir nämlich vor Augen, ich sehe dich all die Mühen auf dich nehmen und ich habe große Sorgen, dass du nicht durchhältst. Aber ich sehe auch, dass alles nun auf dich ankommt. Wenn wir das, was du erhoffst und worauf du hinarbeitest, erlangen wollen, dann achte auf deine Gesundheit.

Ich weiß nicht, an welche Leute ich schreiben soll, außer an die, die mir auch schreiben, oder an die, über die ihr mir etwas schreibt. Weiter von hier werde ich eurem Wunsch gemäß nicht fortreisen. Aber ich möchte schon, dass ihr mir möglichst oft Briefe schreibt, vor allem dann, wenn etwas, was wir uns erhoffen, etwas sicherer und greifbarer geworden ist.

Lebt wohl, meine Lieben, ihr all meine Sehnsucht, lebt wohl!

Ad familiares 14, 2

1. Publius Valerius ist ein sonst nicht bekannter Freund Ciceros.
2. In der Nähe der curia Hostilia auf dem Forum Romanum, deren Außenwand *(tabula)* M. Valerius Messala durch ein Gemälde hat schmücken lassen, befanden sich die Buden der Geldwechsler, wo man Geldgeschäfte aller Art tätigen konnte. Terentia war gezwungen worden, den Tempel der Vesta zu verlassen, um dort Auszahlungen zu veranlassen.
3. Ciceros Familie ist nur noch das Grundstück verblieben. Das Haus, das darauf stand, ist auf Veranlassung des P. Clodius Pulcher zerstört worden.

Tullias Tod

»Die kleine Tullia, die uns lieber ist als unser Leben« (Tulliolam, quae nobis nostra vita dulcior est) *nannte er sie liebevoll in einem Brief an seine Gattin Terentia* (ad familiares 14, 7), *und ihr früher Tod war weit über alle politischen und persönlichen*

Niederlagen hinweg der größte Schmerz, den das Leben ihm zufügte und den er lange nicht überwand.

Tullia (um 76–45 v. Chr.) war die einzige Tochter Ciceros und seiner Ehefrau Terentia; beide hatten noch einen jüngeren Sohn, Marcus Tullius Cicero Minor, der 30 v. Chr. Konsul war. Die zärtlich geliebte Tochter Tullia heiratete in dritter Ehe einen Anhänger Caesars mit Namen Publius Cornelius Dolabella, dem ein schlechter Ruf anhing. Zwei Kinder gingen aus dieser Ehe hervor, von denen das erste schon bald nach der Geburt starb; da Dolabella weiterhin charakterlich labil war und die Mitgift seiner Frau vergeudete, kam es zur Scheidung, und Tullia gebar ihr noch gemeinsames zweites Kind im Januar 45 und starb dann kurze Zeit später im Februar 45 im Landhaus ihres Vaters in Tusculum; auch das Kind, ein Sohn namens Lentulus, starb wenig darauf.

Der Tod Tullias stürzte ihren Vater in unsägliche Trauer und führte sogar zur Scheidung von seiner zweiten Frau Publilia, die er erst vor kurzem geheiratet hatte. Um sich abzulenken las Cicero viel und verfasste sogar nach griechischer Tradition eine Trostschrift (Consolatio) *an sich selbst, die verloren gegangen ist. Ciceros Plan, einen Tempel für seine Tochter zu errichten, scheiterte indes.*

Allerdings sind zwei Trostbriefe in seinen Schriften überliefert: Im ersten vom April 45 versucht der bekannte Jurist Servius Sulpicius Rufus und damalige Statthalter der römischen Provinz Griechenland (Achaea) seinen langjährigen Freund Cicero in dem wohl schönsten Trostbrief der gesamten Antike aufzurichten. Ihm antwortete Cicero noch im gleichen Monat.

Servius Sulpicius grüßt seinen Freund Cicero

Nachdem ich Nachricht über den Tod deiner Tochter Tullia erhalten hatte, habe ich darüber all den Schmerz und die Pein empfunden, wie ich es musste, und dieses Unglück habe ich als eines angesehen, das uns beiden gemeinsam ist. Wenn ich bei dir gewesen wäre, hätte ich dir zur Seite gestanden und dir persönlich mein aufrichtiges Beileid bekundet. Diese Art von Trost ist deshalb bitter und schmerzlich, weil diejenigen, die ihn als Verwandte und Freunde spenden müssen, selbst den gleichen Schmerz empfinden und sich zu diesem Zuspruch nur unter vielen Tränen aufmachen können, sodass sie selbst von einem anderen mehr Trost brauchen, als sie ihn jemand anderem selber geben können. Trotzdem habe ich beschlossen, dir das in aller Kürze zu schreiben, was mir gegenwärtig in den Sinn gekommen ist, nicht etwa, weil ich glaube, dass dir diese Worte des Trostes nicht geläufig sind, sondern weil du durch deinen Schmerz so überwältigt bist, dass dir dies nicht mehr so klar bewusst ist.

Welchen Grund hast du denn, dass deine so große Seelenpein dich derart quält? Bedenke doch, wie das Schicksal bisher mit uns umgegangen ist: uns ist doch all das entrissen worden, was den Menschen nicht weniger lieb und teuer sein muss als ihre eigenen Kinder, nämlich das Vaterland, unser Ansehen, unsere Würde und alle Ehrenämter.

Wenn jetzt noch dieses Unglück allein hinzugekommen ist, was konnte da denn noch weiteres zum Schmerz hinzugefügt werden? Welches Herz, das in diesen Schicksalsschlägen gehärtet wurde, muss wohl dadurch nicht gewappnet sein und deshalb all dies geringer schätzen?

Aber du bist wohl, wie ich meine, über das Los deiner Tochter so betrübt. Wie oft bist du wohl schon notwendigerweise auf den gleichen Gedanken gekommen wie ich auch, dass zu diesen jetzigen Zeiten nicht die am unglücklichsten sind, denen es ohne Schmerz erlaubt war, das Leben gegen den Tod einzutauschen. Was hat es denn in dieser unserer Zeit gegeben, das uns so sehr zum Leben einladen könnte? Welches Ereignis? Welche Hoffnung? Welcher Trost für unsere Seele? Vielleicht dass sie mit irgendeinem vornehmen jungen Mann verbunden ihr Leben verbringt? Es war dir vergönnt, glaube ich, entsprechend deinem Ansehen und Rang aus der heutigen Jugend einen Schwiegersohn auszuwählen, dessen Zuverlässigkeit und Treue du deiner Ansicht nach deine Kinder sicher anvertrauen konntest. Oder dass sie Kinder auf die Welt brachte und sich darüber freute, wenn es denen wohl ergeht? Diese würden dann das vom Vater ererbte Hab und Gut sicher erhalten können, sie würden die Ehrenämter der Reihe nach anstreben können und im Staat und in den Geschäften ihrer Freunde von ihrer Freiheit Gebrauch machen. Gibt es denn von diesen Vorzügen auch nur einen, der ihnen nicht weggenommen worden war, bevor er ihnen überhaupt gegeben wurde? »Aber es ist doch ein Unglück, seine Kinder zu verlieren«, mag einer einwenden. Ja sicher, wenn es nicht noch schlimmer ist, das zu erdulden und zu erleiden, was uns widerfahren ist.

Ich will dir von etwas erzählen, was mir selbst nicht wenig Trost gewährt hat, vielleicht dass es auch deinen Schmerz etwas lindern kann. Auf der Heimreise von Kleinasien fuhr ich von der Insel Aegina aus in Richtung Megara und begann, mir die Landschaft ringsum anzuschauen. Hinter mir lag Aegina, vor mir Megara, rechts von mir Piraeus, und links Korinth, alles Städte, die einstmals in hoher Blüte gestanden hatten; jetzt aber lagen sie vor mir, zerstört und verwüstet. Und so kam mir der Gedanke: »Wir armseligen menschlichen Geschöpfe! Wir geraten schon außer Fassung, wenn einer von uns eines natürlichen oder gewaltsamen Todes stirbt, obwohl unsere Lebenszeit doch nur so kurz bemessen ist, während hier an einem einzigen Ort die Leichname so vieler Städte dahingestreckt liegen. Willst du dich nicht fassen, Servius, und daran denken, dass du nur als Mensch geboren bist?« Glaube mir, dieser Gedanke hat mich nicht wenig aufgerichtet.

Lass dir, wenn es dir gut erscheint, dasselbe vor Augen erscheinen: erst kürzlich haben so viele hochberühmte Männer zur gleichen Zeit den Tod gefunden, die Herrschaft des römischen Reiches ist so sehr geschwächt und alle Provinzen sind erschüttert worden! Und du bist so niedergeschlagen, weil das Seelchen einer kleiner schwachen Frau verloren gegangen ist! Wenn diese nicht zu diesem Zeitpunkt gestorben wäre, dann hätte sie doch einige Jahre später sowieso sterben müssen, da sie doch als Mensch geboren war.

Lenke auch du deinen Sinn und deine Gedanken von diesen Dingen ab und erinnere dich lieber an das, was deiner Person würdig ist: deine Tochter hat gelebt, solange sie hat leben müssen, sie hat zu Zeiten einer römischen Republik gelebt, sie hat dich als Vater erlebt, als du Praetor, Konsul, und Augur gewesen bist, sie war mit vornehmen jungen Römern verheiratet, sie hat nahezu alles Schöne der Welt mitbekommen, und als die freie Republik ihr Ende gefunden hat, da ist auch ihr Leben zu Ende gegangen. Welchen Grund gibt es denn für dich und auch für sie, sich über das Schicksal zu beklagen?

Und vergiss schließlich auch nicht, dass du Cicero bist; sonst pflegtest du, anderen Rat und Hilfe zu geben, und nun mach es nicht den schlechten Ärzten nach, die bei den Krankheiten anderer Leute behaupten, sie hätten Kenntnisse in der Medizin, sich selbst aber nicht zu helfen wissen; wende vielmehr die Ratschläge, die du gewöhnlich immer anderen gabst, auf dich selbst an und präge sie dir ein! Es gibt keinen Schmerz, den die Zeit nicht auf die Dauer lindert und mildert. Aber nur darauf zu warten und dieser Zeit mit deiner Weisheit nicht zuvorzukommen, das geziemt sich für dich nicht. Und wenn die Toten noch irgendein Bewusstsein haben, dann ist es sicher, dass deine Tochter mit all ihrer Liebe zu dir und ihrer Anhänglichkeit an all ihre Angehörigen nicht wünscht, dass du dich so verhältst. Tu es der Toten zuliebe, tu es den anderen Freunden und Angehörigen zuliebe, die unter deinem Schmerz leiden, und tu es dem Vaterland zuliebe, damit es auf deinen Rat und deine Tat rechnen kann, wenn es deiner bedarf. Und schließlich, da wir nun in die Lage gelangt sind, dass wir uns auch um das Gemeinwohl kümmern müssen, lass es nicht dazu kommen, dass jemand glaubt, dass du mehr um den Tod deiner Tochter trauerst als um das Unglück der Republik und den Sieg der anderen.

Ich schäme mich, dir mehr über diese Angelegenheit des Staates zu schreiben, um nicht den Anschein zu erwecken, deiner Weisheit zu misstrauen. Daher werde ich dieses Schreiben beenden, wenn ich dir diese eine Überlegung unterbreitet habe: Mehrmals haben wir erlebt, dass du die glücklichen Umstände aufs Beste ertragen und dir dadurch großes Lob erworben hast. Lass uns auch irgendwann einmal verstehen, dass du ebenso das Unglück gleichermaßen zu ertragen weißt und dass es dir als keine größere Last erscheint, als es sein darf, damit dir nicht von allen Tugenden diese als einzige zu fehlen scheint.

Was mich betrifft, so werde ich dich, sobald ich dich in ruhigerer Verfassung weiß, über die hiesigen Angelegenheiten und den augenblicklichen Zustand meiner Provinz benachrichtigen.

Lebe wohl!

Ad familiares 4, 5

Marcus Cicero grüßt seinen Freund Servius Sulpicius

Auch ich hätte gewollt, Servius, du wärest, wie du schreibst, bei meinem so schweren Schicksalsschlag bei mir gewesen. Wie sehr du mir mit deiner Anwesenheit sowohl durch tröstende Worte als auch durch deinen mit mir empfindenden Schmerz geholfen hättest, erkenne ich leicht daran, dass ich durch die Lektüre deines Briefes etwas Erleichterung und Ruhe gefunden habe, denn deine Zeilen haben meine Trauer lindern können, und mit deinem Trost hast du keinen geringen eigenen Schmerz an den Tag gelegt.

Dein Sohn Servius[1] hat schon an deiner Stelle durch alle Freundschaftsdienste, die man mir in jener schwierigen Lage erweisen konnte, zum Ausdruck gebracht, wie hoch er mich schätzte, wobei er auch daran dachte, wie sehr solche mitfühlenden Bezeugungen mir gegenüber dir angenehm sein würden. Seine lieben Freundschaftsdienste mir gegenüber machten mir natürlich immer Freude, doch nie waren sie mir erwünschter als zu dieser Zeit.

Mich aber trösten nun nicht nur deine Worte und deine Teilnahme an meinem Kummer, die dem meinen fast gleich ist, sondern auch dein hohes Ansehen. Ich halte es nämlich für beschämend, dass ich meinen Schicksalsschlag nicht so ertrage, wie du, der du mit solcher Weisheit gesegnet bist, glaubst, dass er ertragen werden müsste. Aber bisweilen fühle ich mich am Ende meiner Kräfte und kann dem Schmerz kaum Widerstand bieten, weil mir die Trost *spendenden* Argumente nicht mehr in den Sinn kommen, die in ähnlichen traurigen Umständen denen nicht gefehlt haben, deren Beispiele ich mir vor Augen halte. Denn sowohl Quintus Maximus[2], der seinen Sohn, einen ehemaligen Konsul, einen Mann, der auch durch seine großen Taten berühmt war, verloren hat, als auch Lucius Paullus, der innerhalb von sieben Tagen zwei Söhne verloren hat, und auch euer Verwandter Gallus und auch Marcus Cato, der einen Sohn von höchster Begabung und Tüchtigkeit hat zu Grabe tragen müssen, sie alle haben zu einer Zeit gelebt, in der die Trauer über sie einen Trost in der würdigen Stellung gefunden hatte, die sie im Staat erlangt hatten.

Mir aber blieb nach dem Verlust der Auszeichnungen, die du selbst erwähnst, und die ich unter den größten Anstrengungen erworben habe, nur noch dieser einzige Trost, der mir nun entrissen worden ist. Weder durch die Angelegenheiten meiner Freunde noch durch die Staatsgeschäfte konnten sich meine Gedanken ablenken lassen; keine Freude machte es mir mehr, auf dem Forum zu reden, und ich konnte die Kurie nicht mehr sehen, und ich dachte, und das stimmt, dass ich alle Früchte meines Fleißes und auch meines Glücks verloren hätte. Aber als ich darüber nachdachte, dass ich all dieses Elend mit dir und manch anderen gemeinsam hatte, als ich mich schon selbst überwunden und gezwungen hatte, jenes geduldig zu ertragen, da hatte ich ein Wesen, wo ich Zuflucht finden und zur Ruhe kommen konnte; ich hatte ein Wesen, wo ich in angenehmer Unterhaltung mit diesem alle Sorgen und Schmerzen ablegen konnte. Nun aber brechen durch diese so schwere Wunde sogar jene Wunden wieder neu auf, die schon geheilt schienen. Es ist nämlich nicht das gleiche: als ich früher, niedergeschlagen von den Staatsgeschäften, zurückkehrte, da nahm mich mein Haus auf und gab mir neuen Mut; wenn ich jetzt voller Sorgen von zu Hause weg gehe, kann ich nicht in staatlichen Aufgaben Zuflucht finden, um dort in dieser Beschäftigung wieder zur Ruhe zu kommen. Deshalb halte ich mich sowohl von meinem Haus als auch vom Forum fern, denn mein Haus kann mich nicht über den Schmerz hinweg trösten, den mir die Lage des Staates bereitet, noch kann mich die Lage der Republik über meinen persönlichen Schmerz hinweg trösten. Umso mehr erwarte ich dich und wünsche dich möglichst bald zu sehen, denn mir kann keine größere Erleichterung zuteilwerden als deine altgewohnte Gesellschaft, dein geselliger Umgang und die Gespräche mit dir. Im Übrigen hoffe ich, dass deine Ankunft, wie ich auch höre, nicht lange auf sich warten lässt.

Ich aber wünsche dich aus vielen Gründen möglichst bald zu sehen, vor allem aber deshalb, um vorher zusammen zu überlegen, wie wir diejenige Zeit verbringen sollen, die ganz nach dem Willen eines einzigen Mannes ausgerichtet werden muss, eines klugen und großzügigen Mannes, der mir nicht abgeneigt und auch dir, wie ich genau erkannt zu haben glaube, sehr freundlich gesonnen ist.

Da es sich so verhält, bedarf es einer reiflichen Überlegung, um zu wissen, welche Verhaltensweise wir an den Tag legen müssen, nicht um irgendwie etwas zu tun, sondern um mit seiner gnädigen Erlaubnis und Gunst in Ruhe unser Leben verbringen zu dürfen[3].

Lebe wohl!

Ad familiares 4, 6

1. Bei Tullias dritter Eheschließung hatte Cicero den Sohn seines Freundes Servius Sulpicius, der den gleichen Namen wie sein Vater trug, favorisiert; der hatte jedoch später anderweitig geheiratet. Der spätere dritte Gatte Tullias, der dubiose Dolabella, war für Cicero nicht die beste Wahl.
2. Quintus Fabius Maximus (280–203 v. Chr.) war ein Feldherr und Senator; er wurde *cunctator* (Zauderer) genannt, weil er Hannibal durch sein langes Hinhalten ermüdete und ihn so schlagen konnte. – Der römische Feldherr Lucius Aemilius Paullus Macedonicus (229–160 v. Chr.) errang Siege in Makedonien. – Sulpicius Gallus (* um 149 v. Chr.) nahm als Militärtribun mit Aemilius Paullus an den makedonischen Feldzügen teil. – Marcus Porcius Cato (234–149 v. Chr.), genannt Cato der Censor oder Cato der Ältere: Dieser römische Feldherr, Geschichtsschreiber, Schriftsteller und Staatsmann gilt bis in unsere heutige Zeit als Musterbeispiel eines römischen Konservativen. Er soll jede seiner Reden im Senat mit den

Worten *Ceterum censeo Carthaginem esse delendam* (»Im Übrigen bin ich der Meinung, dass Karthago zerstört werden muss.«) beendet haben.

3. Gemeint ist Gaius Iulius Caesar. Cicero will in dessen Herrschaft keine aktive Rolle mehr einnehmen – was ihm auch kaum möglich gewesen wäre –, will sich aber auch nicht schmollend und schweigend zurückziehen und sich vor ihm verschließen. Er bevorzugt eher ein passives Verhalten, ohne anzuecken.

Trost in der Einsamkeit der Wälder

Der Verlust Tullias stürzte Cicero in eine derart tiefe Verzweiflung, dass er sich von allen Menschen zurückzog und Zuflucht in seiner Villa bei Astura suchte, welche einsam an der Küste Latiums am Tyrrhenischen Meer lag. Die düstere Umgebung mit vielem Waldesdunkel kam seiner gedrückten Stimmung wohl sehr entgegen, sodass hier Seelen- und Naturstimmung einen Einklang fanden; in dieser Seelenempfindsamkeit wird die Natur Spiegelbild des Inneren. Im März 45 schreibt er an seinen Freund Atticus:

In dieser Einsamkeit spreche ich mit keiner Menschenseele; am frühen Morgen verstecke ich mich in einem dichten und düsteren Wald, den ich nicht vor Abend verlasse. Neben dir ist mir niemand so ein Freund wie die Einsamkeit; in ihr gilt meine ganze Zwiesprache nur den Büchern. Und trotzdem kommen mir auch da immer wieder die Tränen dazwischen, gegen die ich ankämpfe, so gut ich nur kann. Aber noch werde ich nicht Herr über sie.

Ad Atticum 12, 15

Der Tod ist kein Übel

Im ersten Buch seiner Tuskulanischen Gespräche (Tusculanae disputationes), *einem fiktiven Dialog, den Cicero in seine Villa in der Stadt Tusculum in Latium lokalisiert, will er einem Schüler beweisen, dass die Seele unsterblich und somit der Tod kein Übel ist. Mit diesem Werk versucht Cicero den Menschen mit Hilfe der Philosophie eine Anleitung zum glückseligen Leben geben; Grundvoraussetzung für ein solches Leben ist die Seelenruhe, die auf der Beherrschung der Affekte und Leidenschaften beruht.*

Schüler: Der Tod scheint mir ein Übel zu sein.

Cicero: Meinst du für die Verstorbenen oder für die, die erst noch sterben müssen?

– Für beide.

– Der Tod ist also ein Unglück, weil er ein Übel ist.

– Ja.

– Also sind danach sowohl diejenigen, die das Sterben schon hinter sich haben, als auch diejenigen, denen es noch bevorsteht, unglücklich.

– Das scheint mir so zu sein.

– Es gibt also niemanden, der nicht unglücklich ist?

– Nein, niemand.

– Wenn du folgenrichtig sein willst, meinst du damit, dass alle, ob sie schon geboren sind und noch geboren werden, nicht nur unglücklich sind, sondern auch für immer unglücklich sein werden. Denn wenn du nur die als unglücklich bezeichnen würdest, denen der Tod noch bevorsteht, so würdest du zwar keinen der Lebenden ausnehmen, weil ja alle sterben müssen, aber es gäbe doch beim Tod ein Ende des Unglücks. Da aber auch die Toten unglücklich sind, werden wir also zu einem Elend geboren, das immer währt. Denn folgerichtig müssen dann auch die unglücklich sein, die vor hunderttausend Jahren dahin gegangen sind, oder vielmehr alle, die überhaupt jemals geboren worden sind.

– Ganz genau so meine ich es.

– Dann sag mir doch bitte, ob dich etwa der dreiköpfige Höllenhund Kerberos in Schrecken versetzt, das Getöse des Unterweltflusses Kokytos, die Überfahrt über den Acheron oder Tantalos, der mit seinem Kinn die Oberfläche des Wassers berührt und doch vom Durst gequält wird? Oder erschreckt dich jenes Bild, dass Sisyphos sich im Schweiße seines Angesichts abmüht, den Felsblock zu wälzen und ihn doch um nichts voranbringt. Oder vielleicht auch die unerbittlichen Richter der Unterwelt, Minos und Rhadamantys? Vor diesen wird dich weder ein Lucius Crassus verteidigen noch ein Marcus Antonius[1] noch auch wirst du den Demosthenes hinzuziehen können, obwohl die Sache vor griechischen Richtern verhandelt wird. Du selbst wirst vor einer großen Versammlung deine eigene Sache vertreten müssen. Da du das vielleicht fürchtest, darum hältst du den Tod für ein immer dauerndes Übel.

– Hältst du mich für derart albern, dass ich an solche Ammenmärchen glaube?

Cicero: Wenn es auch eine bekannte Sache zu sein scheint, müssen wir zuerst einmal überlegen, was denn der Tod überhaupt ist. Einige sind der Meinung, er sei die Trennung der Seele vom Körper; andere hingegen meinen, es gebe keine Trennung, sondern Seele und Körper gingen zugleich unter und die Seele werde im Körper verlöschen. Diejenigen, die glauben, dass sich die Seele abtrennt, lassen diese sich dann entweder sofort ganz auflösen oder erst nach einer längeren Zeit, wieder andere behaupten, die Seele habe eine ewige Fortdauer. Nicht weniger groß ist die Meinungsverschiedenheit darüber, was das Wesen der Seele ist, wo sich ihr Sitz im Körper befindet und was ihr Ursprung ist.

Wenn ich nämlich über das Wesen der Seele nachdenke, ist es für mich eine weitaus schwierigere und unverständlichere Frage, wie die Seele im Körper, also sozusagen in einem fremden Haus aussieht, als die Frage, wie beschaffen sie sein wird, wenn sie aus dem Körper austritt und in den freien Himmel, also in ihre eigentliche Heimat gekommen ist. Wenn wir auch nicht erkennen können, wie das beschaffen ist, was wir niemals gesehen haben, so sind wir doch sicherlich imstande, Gott selbst und die aus ihrem Körper befreite Seele gedanklich zu erfassen. Dikaiarchos und Aristoxenos haben nur deshalb die Existenz einer Seele überhaupt bestritten, weil es so schwierig ist, ihr Wesen und ihre Beschaffenheit zu erkennen. Und freilich gibt es nichts Größeres, als die Seele selbst mit den Augen der Seele zu sehen. Und das ist sicherlich der Sinn des Gebotes Apollons, in dem er uns ermahnt, uns selbst zu erkennen. Mit dieser Mahnung hat er, so glaube ich, nicht gemeint, dass wir unsere Gliedmaße, unsere

Gestalt und unsere körperliche Beschaffenheit kennenlernen. Wir sind nicht unsere Körper, und wenn ich mit dir spreche, so spreche ich nicht mit deinem Körper. Wenn er also sagt: »Erkenne dich selbst!« meint er damit: »Erkenne deine Seele!« Der Körper ist nämlich gleichsam ein Gefäß oder irgendein Behältnis für die Seele. Was also von deiner Seele getan wird, das wird von dir getan. Wenn also die Erkenntnis der Seele nicht etwas Göttliches wäre, wäre diese so scharfsinnige Mahnung nicht einem Gott zugeschrieben worden. Aber wenn die Seele selbst ihr eigenes Wesen nicht kennt, so sage mir bitte, weiß sie dann nicht zumindest, dass sie existiert und dass sie sich regt? Daraus ist jener Gedanke Platons entstanden, der von Sokrates in seiner Schrift »Phaidros« näher erläutert und von mir im sechsten Buch meines Werkes über den Staat *(de re publica)* aufgenommen worden ist:
»Was immer sich bewegt, ist ewig, was aber ein anderes in Bewegung setzt und selbst wieder von anderswoher in Bewegung gesetzt wird, das muss, sobald seine Bewegung aufhört, auch zu leben aufhören. Nur also das, was sich selbst bewegt, weil es nie von sich selbst im Stich gelassen wird, hört auch nie auf, sich zu bewegen. Ja es ist sogar für andere Dinge, die bewegt werden, Quelle und Anfang der Bewegung. Der Anfangspunkt aber, die Urursache, hat keinen Ursprung; denn aus ihm entspringt ja alles, er selbst aber kann seine Entstehung aus keiner anderen Sache haben; denn das wäre ja nicht der Anfangspunkt, was anderswoher entspränge; und entsteht er nie, so geht er auch

nie unter. Denn ein untergegangener Anfangspunkt könnte weder selbst aus einem anderen wiedergeboren werden noch etwas anderes aus sich hervorbringen: denn vom Anfangspunkt muss ja notwendig alles ausgehen. Es muss also der Anfangspunkt der Bewegung von dem ausgehen, was in sich selbst die Ursache seiner Bewegung hat: das aber kann weder geboren werden noch sterben, sonst müsste notwendig der ganze Himmel zusammenstürzen und die ganze Natur stillstehen und könnte gar keine Kraft bekommen, durch deren ersten Anstoß sie in Bewegung geriete.

Da nun also klar ist, dass das ewig ist, was durch sich selbst bewegt wird, wer möchte leugnen, dass die Seelen ihrer Natur nach Wesen dieser Art seien? Denn unbeseelt ist alles, was durch einen Stoß von außen in Bewegung gesetzt wird; was aber lebend ist, das wird durch innere und eigene Bewegung angeregt, denn das ist die eigentümliche Natur und Kraft der Seele. Ist sie aber von allem, was da ist, das einzige, das sich selbst bewegt, so ist sie natürlich nicht entstanden und ewig.«

Sollen doch jetzt alle simplen Philosophen – so müssen wohl all die genannt werden, die von Platon und Sokrates und deren Schule abweichen – sollen sie doch ruhig zusammenlaufen, nie werden sie doch etwas so fein erklären können und noch nicht einmal werden sie diese scharfsinnige Schlussfolgerung verstehen. Die Seele spürt also, dass sie bewegt wird, und indem sie das spürt, merkt sie auch zugleich, dass sie durch ihre eigene Kraft und nicht durch eine fremde bewegt wird und dass es nie vorkommen kann, dass sie je von sich

selbst aufgegeben wird. Das ist der Beweis für ihre Unsterblichkeit.
Aber wo hat nun die Seele ihren Sitz? Ich glaube im Kopf, und das zu glauben habe ich gute Gründe. Aber darüber, an welcher Stelle sie wohnt, ein andermal! Sicher ist jedenfalls, dass sie in dir drin ist. Was ist aber nun ihr Wesen? Meiner Meinung nach ist es ein ihr eigentümliches Wesen, das auch nur ihr allein zukommt. Magst du sie feuerartig oder luftartig halten, das hat mit unserem Thema nichts zu tun. Nur auf das musst du aber achten: Wie du die Gottheit erkennst, auch wenn du nicht weißt, wo sie sich aufhält und wie sie aussieht, so musst du auch die Seele erkennen, auch wenn dir ihr Aufenthaltsort und ihre Gestalt nicht bekannt sind. Wir können nicht daran zweifeln, dass an der Seele, um deren Kenntnis es ja geht, nichts Gemischtes, nichts Festes, nichts Verbundenes und nichts Zusammengefügtes, ja gar nichts von einer Doppelnatur sein kann, es sei denn, wir sind in der Naturwissenschaft überhaupt nicht bewandert. Da es sich so verhält, kann die Seele sicherlich auch weder getrennt, noch geteilt, noch gestückelt und zerrissen werden: kurzum sie kann nicht untergehen, denn der Untergang ist ja die Abspaltung und das gewaltsame Auseinanderreißen all jener Teile, die davor von irgendeiner Verbindung zusammengehalten wurden.
Durch diese und ähnliche Überlegungen wurde Sokrates veranlasst, in dem Prozess, in dem es um sein Leben ging, keinen Anwalt zu nehmen, und bat die Richter auch nicht kniefällig um Gnade: Er bewahrte

einen unbeugsamen Stolz, der von seiner Seelengröße herrührte und nicht von einer überheblichen Haltung her. Und am letzten Tag seines Lebens hat er über das Thema, das wir hier behandeln, viel gesprochen. Wenige Tage zuvor noch hätte er leicht aus dem Gefängnis herausgebracht werden können, wollte es aber nicht. Und als er dann schon beinahe den todbringenden Becher in der Hand hielt, sprach er so, dass es den Eindruck erweckte, er werde nicht zum Tode hinfort gestoßen, sondern steige zum Himmel empor.

Er glaubte nämlich und sprach es offen so aus: Für die Seelen, die aus den Körpern austreten, gebe es zwei Wege und zwei Richtungen; denn für die, die sich mit menschlichen Lastern befleckt und sich allen Begierden hingegeben hätten und von diesen verblendet sich mit privaten Vergehen und Übeltaten beschmutzt hätten oder welche, die den Staat und das Gemeinwohl geschädigt hätten und damit einen unsühnbaren Betrug begangen hätten, für die gäbe es nur einen Weg hinab, ausgeschlossen von einem Zusammentreffen mit den Göttern. Aber denjenigen Seelen, die sich unbefleckt und rein erhalten hätten und deren Berührung mit dem Körper nur sehr klein gewesen wäre und die sich von ihm möglichst weit entfernt gehalten hätten und die noch im menschlichen Körper eingeschlossen dem Leben der Götter nachgeeifert hätten, denen stehe leicht eine Rückkehr zu den Himmlischen offen, von denen sie gekommen seien. Deshalb meinte er auch, alle rechtschaffenen und weisen Menschen müssten es so wie die Schwäne tun, die nicht ohne Grund Apollon heilig wären, sondern deshalb, weil sie von ihm die Gabe der Weissagung zu haben schienen, mit der sie vorausschauten, welches Gut doch im Tode liege und deshalb mit Gesang und so voller Freude aus dem Leben schieden. …

Cato[2] ist so aus dem Leben geschieden, dass er sich freute, einen Grund zum Sterben gefunden zu haben, denn der Gott, der in uns waltet, verbietet es uns, dass wir ohne seine Erlaubnis von hienieden scheiden. Wenn aber die Gottheit selbst uns einen gerechten Grund gegeben hat, wie damals dem Sokrates, jetzt unserem Landsmann Cato und oft auch schon vielen anderen, dann darf ein weiser Mann wahrhaftig frohen Herzens aus dieser Finsternis hier in jenes Licht hinüberwechseln. Nicht dass er selbst die Fesseln des Kerkers auseinanderreißen dürfte, denn das verbieten die Gesetze, sondern er soll, wie wenn er von einem Amt oder irgendeiner gesetzlichen Macht aus der Haft entlassen würde, so von Gott abberufen von hier scheiden. Das ganze Leben der Philosophie ist ja, wie Platon sagt, ein Nachdenken über den Tod. Denn was anderes tun wir, wenn wir die Seele von sinnlicher Lust, das heißt vom Körper, abwenden, oder auch von häuslichen Angelegenheiten, die auch nur der Aufrechterhaltung unseres Körpers dienen, oder von der Politik und jeglicher anderen Beschäftigung, was tun wir denn da anderes, meine ich, als die Seele zu sich selbst zurück zu rufen und sie zu zwingen, nur mit sich selbst zusammen zu sein und sie möglichst weit von ihrem Körper fern zu halten. Die Seele aber vom Körper fernhalten, das bedeutet nichts anderes als sterben zu lernen.

Deshalb wollen wir reiflich darüber nachdenken, glaube mir, und uns aus unseren Körpern lösen, das heißt wir wollen uns ans Sterben gewöhnen. So wird unser Leben hier auf der Erde schon dem himmlischen näher und ähnlich sein, und wenn wir aus unseren Fesseln hier unten befreit ins Jenseits hinübergehen, wird die Reise unserer Seele dorthin weniger aufgehalten. Diejenigen Seelen nämlich, die immer in den Fesseln des Körpers gesteckt haben, werden langsamer vorankommen, auch wenn sie aus ihm befreit sind, das ist genauso wie bei Leuten, die lange Jahre in Eisen gefesselt gelegen haben. Erst wenn wir an unserem eigentlichen Ziel angelangt sind, werden wir wirklich leben, denn dieses Leben hier auf Erden ist der Tod; darüber könnte ich ein Klagelied anstimmen, wenn ich wollte.

Schüler: Darüber hast du ja in deiner Schrift *Über den Trost*[3] genug geklagt. Wenn ich diese lese, ist mein größter Wunsch, diese Erde hier hinter mir zu lassen, und das jetzt noch mehr, nachdem ich deine Worte gehört habe.

Cicero: Diese Zeit wird noch kommen, und das bald, ob du dich nun dagegen sträubst oder es eilig hast, denn die Zeit eilt nur so vorbei. Nun, der Tod ist so wenig ein Übel, wie du es zunächst angenommen hast, dass ich eher meine, alles andere ist für den Menschen ein Übel, nur der Tod nicht: der ist sein einziges Gut, da wir ja entweder selbst Götter werden oder doch zumindest mit ihnen zusammen sein werden.

Tusculanae disputationes 1, 9–76 (gekürzt)

Es gibt so viele Männer, von denen wir wissen, dass ihnen ein ruhmvoller Tod wünschenswert erschien. Muss man dann, da sich das so verhält, noch große Beredsamkeit aufbringen und sozusagen von einer höheren Warte aus sprechen, damit die Menschen endlich anfangen, den Tod herbei zu wünschen, oder doch zumindest aufhören, ihn zu fürchten? Denn wenn der letzte Tag nicht das Verlöschen bedeutet, sondern eine Veränderung des Ortes, was gibt es denn dann noch, was wünschenswerter wäre? Wenn er aber eine völlige Zerstörung und Vernichtung mit sich bringt, was ist dann besser, als inmitten der Nöte des Lebens einzuschlafen und sanft in einen ewigen Schlummer zu versinken. Wenn sich das wirklich so verhält, dann ist die Aussage des Ennius besser als die Solons. Unser Landsmann Ennius nämlich sagte: »Niemand soll mich mit Tränen ehren und mir eine Bestattung mit Weinen geben.« Jener griechische Weise hingegen meinte: »Bei meinem Tod sollen die Tränen nicht fehlen; lasst uns unseren Freunden Trauer hinterlassen, auf dass sie unser Begräbnis mit Seufzen begehen.«

Wenn uns aber so etwas widerfahren sollte, dass wir vom Gott sozusagen einen Wink bekommen, dass wir bald aus dem Leben scheiden werden, dann werden wir freudig und dankbar gehorchen in der Überzeugung, aus dem Kerker und den Fesseln hienieden befreit zu sein und in unsere eigentliche Heimat zurückzuwandern oder aber für immer jegliche Empfindung und Beschwernis hinter uns zu lassen. Wenn uns aber kein Wink gegeben wird, so wollen wir doch so gestimmt sein, dass wir jenen Tag, der für die anderen so schauerlich ist, für uns als Glück verheißend ansehen und nichts als ein Übel erachten, was von den unsterblichen Göttern oder von unserer aller Mutter Natur so bestimmt worden ist. Wir sind nämlich nicht ohne Bedacht und zufällig erzeugt und geschaffen worden, sondern verdanken unser Dasein bestimmt irgendeiner Kraft, die um es besorgt war und es nicht dafür geschaffen hat und am Leben erhält, damit es erst mal alles Elend dieser Welt erleidet und dann in das ewige Unglück des Todes stürzt. Vielmehr glauben wir, dass der Tod für uns als Hafen und Zufluchtsstätte bereit steht. Oh dürften wir doch dorthin mit vollen Segeln fahren! Und wenn wir auch von widrigen Winden zurück gehalten werden, so gelangen wir doch nur etwas später dorthin, wie es uns bestimmt ist. Kann aber das, was für alle notwendigerweise geschieht, für einen einzelnen ein Unglück sein?

Tusculanae disputationes 1, 116–118

1. Lucius Crassus und Marcus Antonius waren bedeutende römische Redner im 1. Jahrhundert v. Chr., die nicht mit den gleichnamigen Triumvirn verwechselt werden dürfen. Mit Demosthenes (384–322 v. Chr.) ist der bedeutendste attische Redner gemeint.
2. Marcus Porcius Cato (95–46 v. Chr.) wird zur Unterscheidung von seinem gleichnamigen Urgroßvater auch Cato der Jüngere genannt, Cato Minor, nach seinem Todesort auch Cato Uticensis. Er war ein einflussreicher Politiker und stoischer Philosoph. Aus Enttäuschung über den Untergang der Republik nahm er sich in Utica nördlich von Karthago das Leben.
3. Die *Consolatio* ist eine verloren gegangene Trostschrift, die Cicero nach dem Tod seiner Tochter Tullia 45 v. Chr. verfasst hat. Erhalten geblieben ist ein Trostbrief von Servius Sulpicius Rufus, in dem sein Freund ihn an die Leiden anderer erinnert und ihn mahnt, seine Trauer ebenso tapfer zu ertragen.

Ist der Schmerz ein Übel?

Man beachte das traditionelle Rollenverständnis von Mann und Frau, das sich in diesem Text auch sprachlich ausdrückt: für verweichlichen *gebraucht der Lateiner das Wort* effeminare, *worin das Wort* femina = Frau *steckt; so bekommen* weiblich *und* weibisch *eine negative Konnotation des Schwächlichen, die in starkem Gegensatz zum männlichen Prinzip steht, das als dominant im Vordergrund steht. Schon Aristoteles schreibt zu diesem Thema, dass das Verhältnis des Männlichen zum Weiblichen von Natur aus so sei, dass das eine führe und das andere geführt werde* (Politik 1252a ff.).

Wer vollkommene Weisheit besitzt, der soll selbst oder die in ihm vollendete und uneingeschränkte Vernunft über jenen untergeordneten Teil so herrschen, wie ein gerechter Vater über gute Söhne. Schon durch seinen Wink wird er seinen Willen ohne Mühe und Verdruss durchsetzen; er wird sich selbst ermutigen, antreiben und wappnen, um dem Schmerz wie einem Feind Widerstand zu leisten. Welche Waffen sind das? Es sind Anspannung, Ermutigung und die innere Unterredung mit sich selbst: »Hüte dich vor etwas Schändlichem, vor Schlaffheit und Unmännlichkeit!« …

In uns sitzt nämlich ein verweichlichtes und eitles Vorurteil, im Schmerz wie in der Lust; wenn dieses uns in Weichlichkeit dahin schmelzen und zerfließen lässt, können wir den Stachel einer Biene nicht mehr ohne Geschrei ertragen. Die Überlegung nun, was der Geduld, was der Tapferkeit, was der Seelengröße am würdigsten ist, macht unseren Geist nicht nur ruhiger, sondern lindert irgendwie auch den Schmerz selbst. Denn wie in einer Schlacht ein feiger und furchtsamer Soldat den Schild wegwirft, wenn er den Feind zu Gesicht bekommt, und flieht, wie er nur kann, und gerade deshalb auch manchmal sogar unverletzt umkommt, während dem, der standhält, nichts dergleichen passiert, so ist es auch beim Schmerz: Diejenigen, die den Anblick des Schmerzes nicht ertragen können, werfen sich gewissermaßen selbst weg und liegen niedergeschlagen und kraftlos da, während diejenigen, die dagegen angehen, meist als Sieger aus diesem Kampf hervorgehen. Zwischen Seele und Körper gibt es nämlich gewisse Ähnlichkeiten. Wenn der Körper angespannt ist, trägt er leichter die Lasten, ist er aber schlaff, wird er von ihnen zu Boden gedrückt. Ebenso nimmt auch die Seele, wird sie angespannt, einer Belastung jeglichen Druck weg. Ist sie aber erschlafft, so wird sie derart bedrängt, dass sie sich nicht mehr erheben kann …

Darauf ist beim Schmerz ganz besonders zu achten, dass wir nichts mutlos, nichts furchtsam, nichts feige, nichts unterwürfig oder weibisch tun; vor allem aber muss man jenes Gejammere, wie Philoktet es bei Homer tut, zurückweisen und verwerfen.

Ein Seufzer ist bisweilen dem Mann gestattet, doch selten; Geheule allerdings nicht einmal einer Frau. Damit ist jenes Klagegeschrei gemeint, das beim Leichenbegängnis zu erheben das Zwölftafelgesetz verboten hat. Im Übrigen wird auch ein tapferer und weiser Mann auch nie seufzen, es sei denn, um sich dadurch Spannkraft zu gewinnen, gleich wie in der Rennbahn die Läufer so laut wie möglich schreien. Das gleiche machen bei ihrer Übung auch die Fechter; die Boxer stöhnen sogar, wenn sie ihrem Gegner schwungvoll einen Schlag versetzen; nicht aus Schmerz tun sie das oder weil sie den Mut verlieren, sondern weil beim Ausstoßen der Stimme der ganze Körper angespannt wird, und der Schlag dadurch kräftiger kommt.

Übrigens ist das Gebot, das für den Schmerz gilt, von weiterem Umfang. Allen Dingen nämlich und nicht bloß dem Schmerz muss man mit einer ähnlichen Anspannung der Seele widerstehen. Wenn Zorn entflammt, wenn eine Begierde auflodert, dann muss man in derselben Burg Zuflucht suchen, zu denselben Waffen greifen. Doch weil wir über den Schmerz reden, wollen wir das nun mal beiseitelassen.

Um den Schmerz gelassen und in aller Ruhe zu ertragen, hilft es sehr viel, von ganzem Herzen, wie man sagt, zu überlegen, wie ehrenvoll dies ist. Ich habe es vorher schon gesagt und man kann es nicht oft genug erwähnen: wir sind von Natur aus sehr um Tugend bemüht; wenn wir erst einmal etwas von ihrem Glanz erblickt haben, dann gibt es nichts, was wir nicht bereitwillig und gern ertragen, um diesen Glanz zu erringen. Aufgrund dieses gewaltigen Drangs der Seele nach wahrem Lob und Ehre nimmt man jene Gefahren in den Schlachten auf sich; tapfere Männer spüren im Kampf keine Wunden, und spüren sie sie doch, so wollen sie lieber sterben, als nur einen einzigen Schritt vom Weg der Ehre abweichen. Die Decier[1] sahen die blitzenden Schwerter der Feinde, als sie in deren Schlachtreihen eindrangen, doch der Gedanke an einen ehrenvollen Tod und an den Ruhm nahm ihnen alle Furcht vor Wunden. Hat etwa Epameinondas[2] damals geseufzt, als er zugleich mit seinem Blut auch sein Leben dahin fließen spürte? Er hatte sein Vaterland, als es von den Spartanern unterworfen war, übernommen und hinterließ es ihnen in der der Herrschaft über sie. Das sind Mittel des Trostes und der Linderung für den heftigsten Schmerz.

Das halte dir stets vor Augen: Nur in der Größe und gleichsam in der höchsten Erhebung der Seele, die sich vornehmlich in der Geringschätzung und Verachtung der Schmerzen zeigt, liegt das Allerschönste, und sie ist umso schöner, je mehr der Mensch nur in sich selbst seine Freude findet ohne Öffentlichkeit und ohne Sucht nach Beifall. Mir sogar scheint all dies rühmenswerter zu sein, was ohne Großtun und ohne Zuschauer vor sich geht. Nicht als ob man das meiden sollte, wollen doch alle große Taten ins rechte Licht gestellt werden, aber dennoch gibt es für die Tugend keinen größeren Schauplatz als das eigene Bewusstsein …

Wenn du nun siehst, dass Menschen, die sich von einer Leidenschaft oder einer Meinung leiten lassen, dieser nachgehen und sie auch erreichen, ohne am Schmerz zu zerbrechen, musst du daraus schließen, dass der Schmerz entweder kein Übel ist oder dass er, wenn wir das ein Übel nennen wollen, was an ihm rau und widernatürlich ist, dass er aber dann so unbedeutend ist, dass er von der Tugend vollständig überdeckt und so nirgends mehr in Erscheinung tritt. Darüber denke bitte Tag und Nacht nach! Diese philosophische These wird nämlich noch einen weiteren Umfang haben und gilt weit über den Schmerz hinaus.

Wenn wir nämlich alles tun, um der Schande zu entgehen und um nach der Sittlichkeit zu streben, so wird es uns möglich sein, nicht nur die Stacheln des Schmerzes, sondern auch die Blitze des Schicksals gering zu schätzen, zumal für uns jener Zufluchtsort bereit steht, über den wir gestern gesprochen haben[3]. Stelle dir vor: Ein Gott ruft einem von Seeräubern verfolgten Schiffer zu: »Spring aus dem Schiff; es ist einer da, der dich auffängt – etwa ein Delfin, wie einst den Arion von Methymna[4] oder jene neptunischen Rosse des Pelops[5], die durch die Fluten den hoch erhabenen Wagen mit sich gerissen hatten – sie werden dich auffangen und glücklich dahin tragen, wohin du nur willst.« Genauso wie dieser Schiffer alle Furcht von sich fahren lassen wird, so weißt auch du, wohin du zu fliehen hast, wenn harte und verhasste Schmerzen dich drücken und sie zu groß sind, als dass du sie ertragen kannst!

Tusculanae disputationes 2, 51–67 (gekürzt)

1. Das römische Plebejergeschlecht der Decier wurde legendär, weil sich drei Angehörige (Vater, Sohn und Enkel) namens Publius Decius Mus, für das Vaterland geopfert hatten, um das römische Heer zu retten: der erste in der Schlacht am Vesuv (340 v. Chr.), der zweite im 3. Samnitenkrieg in der Schlacht bei Sentinum in den Marken (295 v. Chr.), der dritte im Krieg gegen Pyrrhos in der Schlacht bei Ausculum (Ascoli Satriano, 279 v. Chr.).
2. Der thebanische Staatsmann und Feldherr Epameinondas (418–362 v. Chr.) befreite seine Heimatstadt Theben in der Schlacht von Leuktra (371) von der spartanischen Fremdherrschaft, wobei er die von ihm entwickelte schiefe Schlachtordnung anwandte. In einer letzten Schlacht gegen Athener und

Spartaner bei Mantinea wurde er 362 tödlich verwundet, sodass er hinter die Schlachtlinie getragen wurde. Hier erfuhr er noch, bevor er starb, dass der Sieg gesichert sei. Er wurde auf dem Schlachtfeld begraben.

3. Gemeint ist der (Frei-)Tod, über den Cicero im ersten Buch der Tuskulanen gesprochen hat. Vgl. das Kapitel »Der Tod ist kein Übel«.
4. Als der griechische Sänger und Dichter Arion im 7. Jahrhundert v. Chr. von Piraten entführt wurde, erschienen Delfine. Arion stürzte sich daraufhin ins Meer und wurde von den Delfinen an Land getragen und so gerettet.
5. In der griechischen Mythologie erhielt Pelops, der Sohn von Tantalos, von Poseidon (Neptun) für seine Fahrt nach Elis, wo er um Hippodameia, die Tochter des Königs Oinomaos, freien wollte, einen goldenen Wagen und geflügelte Rosse, mit deren Hilfe er die Hand der Schönen gewann.

Die vier Kardinaltugenden

Schon früh legten die Griechen in ihrem Bedürfnis, alles zu gliedern, einen Kanon von Grundtugenden fest, die seit Platon dann die vier klassischen Kardinaltugenden[1] *wurden: Tapferkeit* (andreia), *Gerechtigkeit* (dikaiosyne), *Besonnenheit/Mäßigung* (sophrosyne) *und Weisheit/Klugkeit* (sophia). *Auch Cicero übernahm diese Lehre von den Haupttugenden in seiner Schrift über die Pflichten, in der er sich auf den Stoiker Panaitios stützt: Gerechtigkeit* (iustitia), *Mäßigung* (temperantia), *Tapferkeit/hoher Sinn* (fortitudo, magnitudo animi *bzw.*

virtus) *und Weisheit/Klugheit* (sapientia *bzw.* prudentia). *Das Christentum übernahm diesen Tugendkanon und fügte ihm noch drei hinzu: Glaube, Hoffnung und Liebe. Im folgenden Text erscheinen die vier Kardinaltugenden eher angedeutet:*

- Der Erkenntnisdrang, die Suche nach der Wahrheit, führt zur *Weisheit.*
- Die Hinwendung zu den Seinen und der soziale Trieb verbinden sich mit der *Gerechtigkeit.*
- Der unbeugsame hohe Sinn geht mit der *Tapferkeit* einher.
- Das Gefühl für das Maß und die Ordnung sind der *Mäßigung* bzw. *Besonnenheit* zuzuordnen.

Mag das sittlich Gute auch von niemandem gepriesen werden, so ist und bleibt es dennoch das sittlich Gute und ist das, was wir in Wahrheit, auch wenn es von niemandem gelobt wird, seiner Natur nach als lobenswert bezeichnen.

Hier siehst du nun, mein Sohn Marcus, die Gestalt selbst und gleichsam das Bild des sittlich Guten, von dem Platon[2] sagt, es würde in uns eine bewundernswerte Liebe zur Weisheit erwecken, wenn es sich unseren Augen zeigte. Alles sittlich Gute aber entspringt aus einer der vier Hauptquellen: Entweder liegt es im Erkenntnisdrang und in der geistigen Gewandtheit oder darin, die menschliche Gemeinschaft zu schützen und zu erhalten und jedem das zuzuerteilen, was ihm gebührt, so wie in der gewissenhaften Einhaltung eingegangener Verträge, oder in der Größe und Stärke eines unbeugsamen hohen Sinnes oder in der Ordnung und dem Maß im Reden und Handeln, worauf die Tugend der Mäßigung und Besonnenheit beruht.

Obwohl diese vier Tugenden untereinander verbunden und verflochten sind, so erwachsen doch aus jeder einzelnen bestimmte Arten von Pflichten. So gehört zum Beispiel zu der erst genannten, der wir der Weisheit oder Klugheit zuordnen, die Pflicht, die Wahrheit zu erforschen und aufzufinden; das ist die eigentliche Aufgabe dieser Tugend. Für klug und weise im allerhöchsten Maße halten wir nämlich gewöhnlich denjenigen Menschen, der am besten erkennen kann, was in jeder Sache die meiste Wahrheit für sich hat, und der am scharfsinnigsten und am schnellsten den Grund erkennen und erklären kann. Demnach liegt dieser Tugend die Wahrheit gleichsam als Stoff, den sie behandelt und in dem sie sich bewegt, zu Grunde.

Den übrigen drei Tugenden obliegen die Bedürfnisse des Lebens, indem sie für die Herbeischaffung und Erhaltung derjenigen Dinge sorgen, in denen das praktische tägliche Leben besteht: die soziale Tugend sorgt dafür, dass die Gemeinschaft und Verbindung der Menschen bewahrt wird; die weitere Tugend, der Hochsinn, leuchtet in dem Bestreben hervor, wenn es darum geht, für uns und die Unsrigen Wohlstand und Vorteil zu vermehren und mehr noch, wenn es darum gilt, gerade diese Dinge gering zu schätzen. Aber auch Ordnung, Beständigkeit, Mäßigung und anderes derselben Art beschäftigen sich nicht nur mit geistiger Tätigkeit, sondern sind auch Dinge, an die man mit praktischer Arbeit herangehen muss. Denn wenn wir in den Dingen des alltäglichen Lebens Besonnenheit,

Zucht und Mäßigung walten lassen, werden wir die Sittlichkeit und den Anstand bewahren.

De officiis, 1, 14–17

1. Kardinaltugenden heißen sie nach dem lateinischen Wort *cardo* = Türangel, Dreh- und Angelpunkt.
2. Platon, *Phaidros* 250 d

Dankbarkeit ist die Mutter aller Tugenden

Ich wünsche mir, alle Tugenden mein eigen zu nennen, besonders aber hätte ich nichts lieber, als dankbar zu sein und auch so angesehen zu werden. Die Dankbarkeit ist nämlich nicht nur die größte, sondern die Mutter aller übrigen Tugenden. Was ist denn die Liebe der Kinder anderes als eine Zuneigung voller Dank gegenüber den Eltern? Was sind denn die rechtschaffenen Bürger, die sich im Krieg und Frieden um das Vaterland verdient gemacht haben, anderes als Menschen, die sich der Wohltaten ihres Vaterlandes bewusst sind? Wer ist fromm und wer gottesfürchtig wenn nicht die Menschen, die den unsterblichen Göttern den Dank, der ihnen zusteht, durch ihnen gebührenden Ehren und durch ein erkenntliches Herz abstatten? Was kann denn im Leben überhaupt noch erfreulich sein, wenn man ihm die Freundschaft wegnimmt? Aber welche Art von Freundschaft könnte es denn geben zwischen undankbaren Menschen? Wer von uns ist denn edler erzogen worden, dem nicht seine Erzieher, Lehrer und Meister, ja dem nicht sogar jener stumme Ort, an dem er großgezogen und unterwiesen wurde, in seinem Herzen in dankbarer Erinnerung bliebe? Wessen Macht und Vermögen könnten so groß sein oder es je gewesen sein, dass er sich ohne die pflichtgemäßen gefälligen Dienste vieler Freunde durchsetzen könnte? Dieses alles aber könnte keinen dauerhaften Bestand haben, wenn man die Erinnerung und die Dankbarkeit einfach hinweg nähme. Ich bin der Meinung, dass dem Menschen an sich nichts so eigen ist, als sich nicht nur durch eine gute Tat, sondern auch durch ein Zeichen guten Willens verpflichtet zu fühlen.

Pro Plancio 80–81

Jemandem Geld zu schulden und jemandem Dankbarkeit zu schulden sind zwei ganz verschiedene Dinge. Denn wer das Geld bezahlt hat, der hat im gleichen Augenblick nicht mehr das, was er zurückgegeben hat. Und wer Geld schuldet, der hat noch fremdes Gut in der Hand. Wer aber jemandem Dank erstattet, der behält dieses Gefühl noch bei sich.

Pro Plancio 68

Die Pflicht der Mäßigung und das Anständige

Cicero schildert von der Kardinaltugend sophrosyne *deren äußere Seite, das* decorum, *und zeigt dann die Harmonie der Seele in ihrer äußeren Erscheinung der Mäßigung und des Anstandes. Das* decorum, *womit Cicero das griechische Wort* prepon *übersetzt, ist in seiner Grundbedeutung das, was man von jemandem erwartet, was ihm angemessen ist. Bei Cicero wird es die notwendige Bedingung für die Verwirklichung des Menschen und der Gesellschaft. Dabei folgt der Mensch seiner* ratio, *der planenden Entscheidung, die frei ist von irrationaler Bestimmtheit durch Triebe und Wünsche und nicht bloß auf irrationale Mechanismen reagiert.*

Im Folgenden müssen wir nun von dem einen noch übrigen Teil des sittlich guten Verhaltens sprechen, in dem das Anstandsgefühl liegt und auch das, was uns gleichsam eine edle Art verleiht, nämlich Selbstbeherrschung und Mäßigung, sowie jede Beruhigung der Leidenschaften und das rechte Maß in allem. Zu diesem Bereich gehört das, was die Griechen als *prepon* bezeichnen und was wir in unserer Sprache *decorum*, d. h. das Anständige oder Schickliche, nennen können. Es ist seinem Wesen nach derart beschaffen, dass man es nicht vom sittlich Guten trennen kann, denn alles, was sich schickt und anständig ist, ist sittlich gut, und alles, was sittlich gut ist, schickt sich und ist anständig. Worin aber der Unterschied zwischen dem sittlich Guten und dem Anständigen besteht, kann man sich leichter gedanklich vorstellen als es sprachlich darlegen. Was auch immer nun das Anständige ist, es äußert sich immer nur dann, wenn das sittlich Gute vorausgegangen ist …

Das Wesen der Seele besteht aus zwei Kräften: die eine ist das Begehrungsvermögen, das den Menschen bald hierhin und bald dorthin mitreißt; die andere ist die Vernunft, welche lehrt und erklärt, was zu tun oder zu lassen ist. Die Vernunft hat daher die Bestimmung zu herrschen, das Begehrungsvermögen hingegen zu gehorchen. All unser Tun muss frei sein von Unbesonnenheit und Unbedachtsamkeit, und man darf nichts tun, wofür man nicht einen vernünftigen Grund angeben kann. Das ist ja in etwa die Begriffsbestimmung von Pflicht. Man muss es nämlich dahin zu bringen, dass die Begierden der Vernunft gehorchen und ihr weder vorauseilen noch aus Trägheit oder Feigheit hinter ihr zurückbleiben, und dass sie ruhig sind und sich von aller Leidenschaft freihalten. Hieraus werden dann charakterliche Beständigkeit und Mäßigung in ihrem ganzen Umfang sichtbar zu Tage treten. Wenn nämlich die Begierden und Triebe allzu freien Lauf haben und sich gleichsam ungestüm in ihrem Begehren und auch in ihrer Abscheu überschlagen, lassen sie sich durch die Vernunft nicht mehr zurückhalten und überschreiten ohne Zweifel Ziel und Maß. Denn sie sträuben sich heftig gegen den Gehorsam und fügen sich nicht der Vernunft, der sie durch das Naturgesetz unterworfen sind. Als Folge davon geraten nicht nur die Seelen, sondern auch die Körper in ein völliges Durcheinander von Erregungen. Man braucht nur die Gesichter von Wütenden oder solcher Menschen anzuschauen, die durch Begierden oder Furcht aufgebracht sind oder sich in lauter Sinnenlust taumeln und wie wild gebärden; ihre Miene, Stimme, Bewegung und Haltung sind in allem verändert.

Man sieht hieraus, um auf den Begriff der Pflicht zurückzukommen, dass man alle Begierden bändigen und beruhigen, sowie auch Aufmerksamkeit und Sorgfalt aufbieten muss, um nichts unbesonnen, aufs Geratewohl, unüberlegt und unachtsam zu tun. Die Natur hat uns ja nicht so geschaffen, dass man meinen dürfte, wir seien zu Spiel und Scherz bestimmt, nein, vielmehr sind wir bestimmt zu Ernst und zu Streben nach wichtigeren und höheren Aufgaben. Wenn wir diesen wichtigen und ernsten Dingen Genüge getan haben, dann sind uns allerdings Spiel und Scherz gestattet, sowie auch Schlaf und die anderen Erholungen.

Und der Scherz selbst darf nicht ausgelassen und unmäßig geartet sein, sondern soll immer anständig und von feiner Art sein. Denn sowie wir den Kindern beim Spielen nicht unbeschränkte Freiheit lassen, sondern nur das, was mit einem sittlichen Handeln vereinbar ist, so muss auch im Scherz selbst der Schimmer eines rechtschaffenen Charakters aufleuchten …

Auch beim Spiel müssen wir ein gewisses Maß einhalten und dürfen uns nicht in übertriebener Weise völlig austoben und im Taumel der Lust in Unanständigkeiten verfallen. Übrigens bieten uns der Sport auf unserem Marsfeld und die Freuden an der Jagd Gelegenheiten, sich die Zeit anständig zu vertreiben.

Bei jeder Untersuchung über das, was Pflicht ist, ist es wichtig, dass man immer vor Augen hat, wie hoch doch die Natur den Menschen über das Vieh und die anderen Lebewesen gestellt hat. Diese haben ja nur Empfindung für die sinnliche Lust und geben sich ihren Trieben ungestüm hin; der menschliche Geist hingegen findet seine Nahrung im Lernen und Denken, immer erforscht oder tut er etwas und wird geleitet durch die Freude an dem, was er sieht und hört.

Ja selbst, wenn jemand einen etwas starken Hang zu sinnlichen Vergnügungen hat, sofern er nur nicht ganz der Art Vieh angehört – gibt es doch welche, die nicht durch ihr Tun, sondern nur dem Namen nach Menschen sind –, wenn er, sage ich mal, einiger Erhebung über das rein Tierische fähig ist, so sucht er aus einem Scham- und Anstandsgefühl heraus das Streben nach sinnlichem Vergnügen zu verbergen und zu verleugnen, wenn er sich auch noch so sehr von der Sinneslust verführen lässt.

Hieraus lässt sich erkennen, dass das sinnliche Vergnügen dem vorzüglichen Zustand der menschlichen Natur nicht angemessen ist, sodass es sich gehört, diese Sinneslust zu verachten und zu verwerfen, und dass jemand, der doch einigermaßen dem Vergnügen zugeneigt ist, sorgfältig Maß halten muss, wenn er es genießt. Daher sollte sich unsere Nahrung und Pflege des Körpers nur auf die Erhaltung der Gesundheit und der Kräfte beziehen, nicht aber auf das sinnliche Vergnügen. Wenn wir darüber nachdenken, was für eine Vortrefflichkeit und Würde in der menschlichen Natur liegt, so werden wir einsehen, wie schimpflich es ist, in Üppigkeit zu schwelgen und wollüstig und verweichlicht zu leben, wie ehrenwert aber dagegen eine sparsame, enthaltsame, strenge und nüchterne Lebensführung ist.

De officiis 1, 93–94 und 101–106 (gekürzt)

Anthropozentrismus – Der Mensch als Mittelpunkt der Schöpfung

Wesensunterschiede zwischen Mensch und Tier

Von Urbeginn an ist jedem Lebewesen von der Natur der Trieb angeboren, sein Leben und seinen Körper zu erhalten und das zu meiden, was ihm zu schaden droht, sowie andererseits all das zu suchen und sich zu beschaffen, was zum Leben notwendig ist, wie Nahrung, Schlupfwinkel und dergleichen. Ein gemeinsames Merkmal aller Lebewesen ist ebenso der Geschlechtstrieb, um sich fortzupflanzen, und die Fürsorge für die von ihm gezeugten Lebewesen. Doch besteht zwischen Mensch und Tier folgender grundlegender Unterschied: Da das Tier nur durch die sinnlichen Eindrücke bestimmt wird, richtet es sich lediglich auf das, was es räumlich umgibt, und auf den augenblicklichen Zustand und hat nur ein sehr eingeschränktes Empfinden für Vergangenes und Bevorstehendes. Weil der Mensch hingegen mit Vernunft begabt ist, die ihn befähigt, die Schlussfolgen zu erkennen, die Ursachen und die Entwicklung der Dinge einzusehen und ihre Gründe zu durchschauen, Ähnlichkeiten zu vergleichen und von den gegenwärtigen Dingen auf zukünftige zu schließen, deshalb begreift er leicht den Lauf des ganzen Lebens und beschafft sich dafür allen notwendigen Bedarf schon vorher.

Dieselbe Natur verbindet vermöge der Vernunft den Menschen mit dem Menschen zu einer Gemeinschaft der Sprache und auch des Lebens und pflanzt ihm vor allen Dingen eine ganz besondere Liebe zu seinen Kindern ein und treibt ihn zu dem Wunsch an, Vereine und Zusammenkünfte unter den Menschen stattfinden zu lassen und auch an diesen teilzunehmen, und aus diesem Grund entsteht auch das Streben, sich das zu beschaffen, was zur Lebensgestaltung und auch zum täglichen Lebensbedarf gehört, und zwar nicht für sich allein, sondern für Frau und Kinder und alle, die ihm lieb und teuer sind und für die er Sorge tragen muss. Diese Fürsorge erweckt zu einem höheren Schwung und steigert die Tatkraft.

Insbesondere typisch für den Menschen ist der Erforschungs- und der Erkenntnistrieb. Wenn wir von den notwendigen Sorgen und Geschäften des Alltags frei sind, erwacht in uns das Verlangen, etwas zu sehen, zu hören, zu lernen, und wir halten die Erkenntnis der verborgenen oder wunderbaren Dinge für einen notwendigen Bestandteil eines glücklichen Lebens. Hieraus kann man erkennen, dass alles, was wahr, einfach und lauter ist, im engsten Verhältnis zur menschlichen Natur steht. Zu diesem Trieb, das Wahre zu erkennen, gesellt sich ein gewisses Streben nach Herrschaft, sodass ein von Natur aus guter und richtig angelegter Geist niemand anderem gehorchen will als dem, der ihm Vorschriften oder Lehren zu geben weiß oder ihm zu seinem eigenen Besten nach Recht und Gesetz Befehle erteilt. Hieraus entsteht Hochherzigkeit und auch Geringschätzung der Zufälle des menschlichen Lebens.

Eine nicht geringe Kraft der vernünftigen Natur zeigt sich darin, dass der Mensch als einziges Lebewesen ein Gefühl für das hat, was Ordnung und Anstand ist, und auch für das rechte Maß in Worten und Taten. Es gibt auch kein anderes Lebewesen, das bei den Gegenständen, die im Bereich des Sichtbaren liegen, Schönheit, Anmut und Harmonie aller Teile erfasst. Als einziges Wesen überträgt er auch kraft seiner vernünftigen Natur die Vorstellungen dieser Dinge von der Sinnenwelt auf den geistigen Bereich und findet auch dort Schönheit, Gleichmäßigkeit und Ordnung, an die er sich in seinen Plänen und Taten halten zu müssen glaubt. So hütet er sich davor, etwas Schändliches zu tun und etwas, was sich für einen Mann nicht geziemt, und dadurch ist er in all seinen Meinungen und seinem Tun gefeit gegen jegliche Leidenschaften. Dies sind die Grundtriebe, aus deren Verschmelzung das entsteht, was das sittlich Gute ist.

De officiis 1, 11–14

Die Oikeiosis – Ein Urtrieb zur Selbsterhaltung und Selbstwahrnehmung

Diese oikeiosis, *im Deutschen etwa »Aneignung«, ist der Grundtrieb des Menschen nach Selbsterhaltung und besteht in der Hinwendung zu dem, was der Mensch in seiner Selbstwahrnehmung als ihm zugehörig ansieht. Die* oikeiosis *äußert sich zunächst in der unmittelbaren Selbstfürsorge; demnach eignet sich der Mensch die ihm naturgemäßen Dinge an. Diese Selbstbeziehung des Menschen weitet sich sodann auf anderes aus, das in Beziehung zum eigenen Ich aufgefasst wird: auf die nächsten Angehörigen, die Gesellschaft und schließlich auf die Menschheit als natürliche Gemeinschaft aller Vernunftwesen. Vgl. das Kapitel »Sittlichkeit und Nutzen«.*

Nach Ansicht der Stoiker ist jedes Lebewesen, sobald es das Licht der Welt erblickt hat, sich selbst befreundet und zugeneigt, um sich selbst zu erhalten und um seinen natürlichen Zustand und das, was diesen erhält, zu lieben. Dahingegen empfindet es eine Abneigung gegen seinen Untergang und die Dinge, die diesen herbeizuführen scheinen. Für diesen Sachverhalt führen die Stoiker folgenden Beweis an: Bevor sie überhaupt von der Lust oder dem Schmerz berührt werden, erstrebten kleine Kinder das an, was ihnen heilsam sei, und verschmähten das Entgegengesetzte. Dies wäre nicht so, wenn sie nicht ihren natürlichen Zustand liebten und ihren Untergang fürchteten. Es wäre aber nicht möglich, dass sie etwas erstrebten, wenn sie kein Gefühl von sich selbst hätten und sich deshalb liebten. Daraus müsse man folgerichtig schließen, dass der Grundtrieb unseres Handelns von der Selbstliebe ausgehe.

Zu den Grundtrieben aber ist nach der Ansicht der meisten Stoiker die Lust nicht zu zählen. Dieser Ansicht stimme ich aus vollem Herzen zu. Denn wenn die Natur die Lust zu den Dingen gesetzt hätte, die als erste begehrt werden, dann würde vieles daraus folgen, was unsittlich ist. Ein Beweis genug dafür, dass wir jene Dinge lieben, die uns die Natur als erste mitgegeben hat, scheint mir Folgendes zu sein: es gibt keinen Menschen, der, hätte er die Wahl zwischen beiden, nicht lieber alle seine Körperteile wohl gefügt und vollständig als zum gleichen Gebrauch unvollständig oder verdreht haben wollte.

De finibus 3, 16–17

Körper und Seele

Es ist einleuchtend, dass der Mensch aus Körper und Seele besteht, wobei dem Anteil der Seele der erste und dem des Körpers der zweite Rang zukommt. Dann kann man auch sehen, dass der Körper so gebildet ist, dass er sich vor anderen auszeichnet, und dass die Seele so gestaltet ist, dass sie sowohl mit Sinnen ausgestattet ist als auch ein vorzügliches Denkvermögen besitzt, dem die ganze menschliche Natur gehorcht, da in ihr eine bewundernswerte Kraft der Vernunft, der Erkenntnis, des Wissens und aller Tugenden steckt. Was nämlich zu den körperlichen Bestandteilen des Menschen gehört, das kann man hinsichtlich seiner Bedeutung nicht mit dem Anteil der Seele vergleichen, und die Erkenntnis des Körpers ist auch leichter. Daher wollen wir hiermit beginnen.

Es ist klar ersichtlich, wie angepasst an die Natur die Teile unseres Körpers und sein ganzes Äußeres, seine Beschaffenheit und Gestalt sind. Und auch die Erkenntnis steht ohne Zweifel fest, dass die Beschaffenheit der Stirn, der Augen, der Ohren und der anderen Körperteile typisch für den Menschen sind. Aber notwendigerweise müssen sicherlich diese Teile stark und gesund sein und natürliche Bewegungen und Betätigungen vollziehen, sodass nichts an ihnen fehlerhaft ist, oder krank oder geschwächt, so verlangt es nämlich die Natur …

Weiterhin aber soll die Seele nicht nur einfach so da sein, sondern auch derart beschaffen sein, dass all ihre Teile unversehrt sind und auch keiner ihrer Vorzüge fehlt. Ebenso hat bei den Sinnen jeder seinen ihm typischen Vorzug, damit alle unbehindert ihre Aufgabe verrichten können, indem sie die Dinge, die ihrer Wahrnehmung unterworfen sind, schnell und leicht erfassen.

De finibus 5, 34–36 (gekürzt)

Die Transzendenz – Der Mensch und was über ihn hinausgeht, die Gottheit

Aus der umsichtigen und erfinderischen Fürsorge der Natur für den Menschen lässt sich erkennen, mit welchen großartigen und herausragenden Ausstattungen die Götter ihn bedacht haben. Zunächst einmal haben sie ihn vom Boden erhoben, haben ihm eine hochragende und aufrechte Haltung verliehen, damit er durch die Betrachtung des Himmels eine Erkenntnis von den Göttern bekommen kann. Die Menschen sind nämlich auf der Erde entstanden, aber nicht lediglich als deren Bewohner und Besitzer, sondern gleichsam als Beobachter der himmlischen und überirdischen Erscheinungen, ein Schauspiel, das sonst keiner anderen Art von Lebewesen zuteilwird. Die menschlichen Sinne sind sozusagen als Dolmetscher und Vermittler im Kopf auf wunderbare Art angelegt wie in einer Burg und für den notwendigen Gebrauch geschaffen …

Wer aber nun wirklich nicht erkennt, dass die Seele und der Geist des Menschen, sein Verstand, seine Einsicht und Klugheit nicht durch göttliche Fürsorge so vollkommen erschaffen sind, der scheint mir von diesen himmlischen Gaben keine abbekommen zu haben. Bei meinen Erörterungen über diesen Sachverhalt, mein lieber Cotta[1], hätte ich gern deine Beredsamkeit! Wie würdest erst du nämlich über all diese Dinge sprechen! Zu allererst würdest du erläutern, welche Intelligenz der Mensch besitzt, darauf dann, welche geistige Kraft in uns steckt, die Folgeerscheinungen mit ihren Ursachen in Zusammenhang zu bringen und zu verknüpfen. Daraus urteilen wir, welche Ergebnisse aus dem jeweiligen Sachverhalt entstehen, und ziehen unsere Schlussfolgerungen aufgrund unseres Verstandes; wir definieren den einzelnen Sachverhalt und grenzen ihn ganz präzise ab. Daraus lässt sich erkennen, welche Kraft und Bedeutung die Wissenschaft hat und was ihr besonderer Wert ist; nicht einmal die Gottheit selbst besitzt etwas, was vorzüglicher wäre. Wie bedeutend aber ist das, was ihr Akademiker allerdings weniger schätzt und sogar leugnet, dass wir nämlich unsere Außenwelt sowohl mit unseren Sinnen als auch mit unserem Verstand erfassen und verstehen können! Dadurch dass wir diese Erscheinungen zusammenstellen und untereinander vergleichen, bringen wir dann auch die Kunstfertigkeiten zustande, die teils für unser tägliches Leben notwendig sind, teils aber auch unserer Unterhaltung dienen …

Wie steht es denn damit, dass die menschliche Vernunft bis hoch in den Himmel vorgedrungen ist? Von allen Lebewesen haben wir Menschen nämlich als einzige Kenntnisse über den Aufgang, den Untergang und den Lauf der Gestirne; von den Menschen ist genau festgelegt worden, was ein Tag, ein Monat, ein Jahr ist, nur sie haben Kenntnisse über die Sonnen- und Mondfinsternisse und auch für alle Zeiten vorhergesagt, von welchem Umfang sie sein und wann sie auftreten werden. Durch derartige Beobachtungen gelangt der menschliche Verstand zur Erkenntnis der Götter, woraus die Frömmigkeit entspringt, mit der die Gerechtigkeit und alle weiteren Tugenden verknüpft sind, aus denen sich dann wiederum das glückliche Leben entwickelt, das dem der Götter ähnlich ist. Nur in einer Sache bleiben wir hinter den Göttern zurück, nämlich in der Unsterblichkeit, aber das hat mit dem glücklichen Leben nichts zu tun. Mit diesen Ausführungen glaube ich zur Genüge dargelegt zu haben, wie sehr das Wesen des Menschen allen anderen Arten von Lebewesen überlegen ist, und daraus lässt sich leicht erkennen, dass weder die Gestalt des Menschen und der Aufbau seiner Körperglieder und noch seine so überragende geistige Kraft das Ergebnis eines reinen Zufalls sein konnten.

Nur eines bleibt jetzt noch übrig: Um jetzt endlich zum Schluss zu kommen, möchte ich noch erklären, dass alles auf dieser Welt, das den Menschen von Nutzen ist, um der Menschen willen geschaffen und hergerichtet ist.

De natura deorum 2, 140 und 147–148 und 153–154

1. Gaius Aurelius Cotta (124– etwa 74 v. Chr.) war ein römischer Politiker und galt als einer der besten Redner seiner Zeit; er war Anhänger der *Akademie*, der platonischen Lehre, und tritt als Dialogpartner in Ciceros Werk *de natura deorum* auf, wo er die Göttersicht der neuen Akademie vertritt.

Der göttliche Ursprung der Seele

Wenn man die Frage nach dem Wesen des Menschen stellt, pflegt man darzulegen – und das zu Recht –, dass bei den ständigen Umdrehungen und der ewigen Wiederkehr der Himmelskörper[1] auch einmal der richtige Zeitpunkt gekommen sei, um das Menschengeschlecht zu gründen, das durch die göttliche Gabe der Seele bereichert worden sei und sich dann vermehrt und über die ganz Erde verbreitet und ausgestreut habe. Während nun aber alles andere, was mit dem Menschen verbunden ist, von sterblicher Art und somit zerbrechlich und hinfällig sei, sei ihm die Seele von Gott eingepflanzt worden. Daher können wir also zu Recht von einer Verwandtschaft mit den Göttern sprechen oder von einem gemeinsamen Stamm und Geschlecht mit ihnen. Deshalb gibt es unter so vielen Arten von Lebewesen keines außer dem Menschen, das irgendeine Kenntnis von Gott hätte, und unter den Menschen selbst gibt es kein Volk, sei es nun zivilisiert oder wild, dass auch dann, wenn es nicht weiß, wie man sich Gott vorzustellen habe, nicht dennoch wüsste, dass es einen geben muss. Daraus folgt, dass nur derjenige Gott erkennt, der sich sozusagen daran erinnert, woher er entstammt.

Die Tugend aber ist vor allem beim Menschen und bei Gott die gleiche, und keine andere Art von Wesen besitzt sie sonst. Diese Tugend aber ist nichts anderes als die vollkommenste und auf ihren höchsten Stand gebrachte Natur. So gibt es also eine Ähnlichkeit zwischen Mensch und Gott. Da sich dies nun so verhält: Welche Verwandtschaft könnte da denn noch näher und sicherer sein? Aus diesem Grunde hat auch die Natur den Menschen zum Vorteil und zum Nutzen eine so große Fülle von Dingen geschenkt, dass uns anscheinend all ihre Erzeugnisse mit Absicht gegeben wurden und nicht rein zufällig entstanden sind. Und dies ist nicht nur alles, was die Erde an Früchten und Beeren hervorbringt und uns reichlich spendet, sondern auch die Tiere: diese sind offensichtlich dafür geschaffen worden, dass sie den Menschen teils zum Gebrauch dienen, ihnen teils sonst einen Nutzen bringen und teils auch für sie ihre Nahrung darstellen. Außerdem entdeckte man, von der Natur belehrt, auch noch zahllose Kunstfertigkeiten: Die Vernunft ahmte diese Vorgabe der Natur nach und verschaffte sich so geschickt alles Notwendige zum Leben.

Den Menschen aber stattete die gleiche Natur nicht nur mit einem schnellen Geist aus, sondern verlieh ihm auch die Sinne gleichsam als Begleiter und Boten und legte in ihm dunkle und noch nicht genug ausgeprägte Begriffe der meisten Dinge gleichsam als Grundlage des Wissens an; und dazu gab sie ihm noch eine geeignete Körpergestalt, die auch dem menschlichen Geist angemessen ist. Denn während sie die anderen Lebewesen zur Nahrungssuche niederbeugte, gab sie allein dem Menschen eine aufrechte Haltung und regte ihn an zur Betrachtung des Himmels, mit dem er gleichsam verwandt ist und der früher seine Heimstätte war. Außerdem bildete sie das Aussehen seines Gesichts so, dass sie in seinen Zügen den tief im Inneren verborgenen Charakter durchschimmern ließ. Und in der Tat, unsere Augen drücken nur allzu deutlich aus, in welcher Gemütsverfassung wir uns gerade befinden, und der Gesichtsausdruck, den kein anderes Lebewesen außer dem Menschen haben kann, verrät die Charakterzüge. Nicht reden will ich jetzt über die zweckmäßige und geschickte Anlage des übrigen Körpers, über die Geschmeidigkeit der Stimme und die Kraft der Rede, die die hauptsächliche Stifterin der menschlichen Gemeinschaft ist.

De legibus 1, 24–27

1. Nach stoischer Lehre gibt es eine alles durchdringende Urkraft, welche der Feuerhauch *(pneuma)* ist, der mit der Allvernunft *(logos)* begabt ist. Auch die Seele ist Teil dieses göttlichen Urfeuers und geht erst zugrunde, wenn nach einer unendlich großen Zeitperiode die Welt durch das Urfeuer *(ekpyrosis)* vergeht und alles neu entsteht.

Nur was sittlich gut ist, ist ein Gut

In den Paradoxa Stoicorum *erörtert Cicero einige ethische Lehrsätze, die die Stoiker als Paradoxa ansehen, weil sie im Widerspruch zum herrschenden Bewusstsein des Durchschnittsmenschen standen. Dabei behandelt er sechs Grundthemen: Nur das sittliche Gute ist ein Gut. Niemandem, der die Tugend besitzt, fehlt etwas zum glücklichen Leben. Verfehlungen sind ebenso einander gleich wie gute Taten. Jeder Dummkopf ist wahnsinnig. Nur der Weise ist frei. Nur der Weise ist reich.*

Niemals bin ich der Ansicht gewesen, dass der Reichtum jener Leute, ihre prachtvollen Paläste, ihre Macht, ihre Staatswürden oder die sinnlichen Vergnügungen, an die sie am meisten gekettet sind, unter die Zahl der guten und begehrenswerten Dinge zu rechnen seien. Denn ich habe gesehen, dass Menschen, die all diese Dinge im Übermaß besaßen, dennoch das besonders begehrten, woran sie einen so großen Überfluss hatten. Nie nämlich wird der Durst unserer Begierden gestillt, nie wird er gesättigt, und diejenigen, die dies alles besitzen, werden nicht nur durch die Begierde, all dies noch zu vermehren, gequält, sondern auch durch die Furcht, das alles zu verlieren. Dabei erinnere ich mich oft an die Weisheit unserer Vorfahren, die tugendhaftesten Menschen, die den so schwachen und vergänglichen Reichtümern den Namen Güter beigelegt haben, obgleich sie aber in ihrem Tun und Verhalten eine ganz andere Meinung darüber hatten. Kann denn ein Gut irgendeinem bösen Menschen gehören? Ist es denn möglich, dass ein Mensch, der diese Güter in Hülle und Fülle besitzt, selbst nicht gut ist? Und sehen wir denn nicht, dass die Bösen all diese vermeintlichen Güter bei sich ansammeln und die Guten sie nicht haben? Man mag sich über mich lustig machen, wie man will, aber die auf die Vernunft gegründeten Argumente gelten bei mir mehr als die vorgefasste Meinung der Vielen. Ich werde nie von einem Menschen, der seine Herde oder seine Möbel verloren hat, sagen, dass er seine Güter verloren hat, und ich lobe gern einen der Sieben Weisen, Bias von Priene. Als die Feinde seine Heimatstadt Priene erobert hatten und die übrigen Einwohner flohen und von ihrer Habe mitnahmen, soviel sie konnten, rieten sie ihm, es ebenso zu tun. Er aber entgegnete: »Das mache ich ja, denn alles, was ich besitze, trage ich mit mir.« Er betrachtete das, was wir gemeinhin Güter nennen, als Spielzeuge des Glücks, die nicht ihm gehörten. Was verdient denn diesen Namen Gut, werdet ihr mich jetzt fragen. Alles, was gerecht, sittlich gut und tugendhaft ist, das allein halte ich für ein Gut.

Paradoxa Stoicorum 1, 1

Jegliche Leidenschaft bringt Elend, Freiheit von ihr aber bewirkt ein glückliches Leben. Die Leidenschaften sind nun von zweierlei Art, wobei die eine Kummer und Furcht umfasst und auf der reinen Einbildung von Übeln beruht, die andere wiederum in ausgelassener Fröhlichkeit und Lust besteht und auf einer irrigen Vorstellung von dem beruht, was eigentlich Güter sind. Da dies alles in Widerspruch zu Klugheit und Vernunft steht, solltest du da zögern, einen Mann glücklich zu nennen, wenn du siehst, dass er frei und völlig losgelöst ist von solch heftigen Gemütswallungen, die in sich selbst derart widersprüchlich und gegensätzlich sind? Der Weise befindet sich nun immer in dieser Gemütsverfassung, ist also folglich immer glücklich.

Zudem bereitet alles Gute uns Freude, und alles, was Freude bringt, verdient, gelobt und hervorgehoben zu werden, und solches ist wiederum rühmenswert. Ist es aber rühmenswert, dann ist es auch lobenswert, und was lobenswert ist, das ist gewiss auch sittlich gut: Jedes wirkliche Gut ist also sittlich gut.

Allein was jene Philosophen unter die Güter rechnen, das nennen sie selbst nicht einmal das sittlich Gute; es ist also allein das gut, was sittlich gut ist; woraus sich ergibt, dass nur im sittlich Guten das glückliche Leben enthalten ist. Folglich darf man solche Dinge nicht ein Gut nennen, noch dafür halten, woran man Überfluss haben, und doch dabei ein elender Mensch sein kann. Stelle dir einen Menschen vor, der zwar ausgezeichnet gesund, kräftig und wohl gebaut ist und dazu noch die schärfsten und reinsten Sinne besitzt und dann noch, wenn du willst, Gewandtheit und Schnelligkeit, lass ihn auch noch reich sein und Ehrestellen, Ämter, Macht und Ruhm haben, wenn ein solcher dann aber zugleich ungerecht, zügellos, furchtsam, dumm oder gar ganz ohne Verstand ist, wirst du da zögern, einen solchen Menschen unglücklich zu nennen? Was sind das also für Güter, die man hat und dabei doch ganz unglücklich sein kann? Wie ein Haufen aus gleichartigen Körnern, so muss auch das glückliche Leben aus sich selbst ähnlichen Teilen bestehen. Wenn es sich so verhält, dann muss sich das Glück allein aus Gütern ergeben, die sittlich gut sind.

Sind aber die Güter aus verschiedenartigen Bestandteilen gemischt, so wird sich daraus nichts ergeben, was sittlich gut ist, wenn das nicht gegeben ist, was kann man sich dann noch als glücklich denken?

Was immer ein Gut ist, ist erstrebenswert. Was aber erstrebenswert ist, verdient sicher Anerkennung, und all das, dem man Anerkennung zollt, das muss man für angenehm und willkommen halten; es muss ihm also auch ein Wert und Achtung beigemessen werden. Und wenn das so ist, muss es lobenswert sein. Das Gute also ist lobenswert, woraus sich ergibt, dass das sittlich Gute allein ein Gut ist.

Tusculanae disputationes 5, 43–45

Sittlichkeit und Nutzen: Das Verhältnis zu unseren Mitmenschen

Einem anderen etwas wegzunehmen und sich zum Nachteil des anderen seinen eigenen Vorteil zu vergrößern, das widerspricht mehr der Natur als Tod, Armut, Schmerz und alles, was sonst unseren Körper oder unsere äußeren Verhältnisse treffen kann. Denn erstens hebt ein solches Verhalten das Zusammenleben und die Gesellschaft der Menschen auf; wenn nämlich jeder von uns die Gesinnung hegt, dass er seines Vorteils wegen andere beraubt oder misshandelt, so muss notgedrungen die Gemeinschaft aller Menschen, die der Natur höchst gemäß ist, zerbrechen.

Wie unser ganzer Körper geschwächt werden und untergehen müsste, wenn jedes einzelne Glied glaubte, es könne dadurch stark und gesund bleiben, wenn es die Gesundheit des Nachbargliedes an sich ziehe, ebenso wäre in dem Fall, dass der einzelne Mensch sich die Vorteile anderer aneignet und ihnen dabei so viel als möglich wegnähme, die Vernichtung der menschlichen Gesellschaft und Gemeinschaft die unvermeidliche Folge. Gestattet ist es allerdings und steht nicht im Widerspruch zu unserer Natur, dass sich jeder lieber für sich als für die anderen die Bedürfnisse des Lebens verschafft[1]; die Natur lässt aber nicht zu, dass wir unser Vermögen, unseren Wohlstand und unseren Einfluss dadurch vergrößern, dass wir unsere Mitmenschen ausbeuten. Und dies ist nicht nur in der Natur, das heißt im anerkannten Naturrecht der Völker, sondern auch in den Gesetzen der Völker, auf denen bei ihnen Staat und Verfassung beruhen, auf die gleiche Weise so festgelegt, dass niemand dem anderen um des eigenen Vorteils willen schaden darf.

Denn dies bezwecken und wollen die Gesetze, dass die von den Bürgern eingegangene Verbindung sicher sei, und diejenigen, die diese zerstören wollen, die bestrafen sie mit Tod, Verbannung, Gefängnis und Geldbußen.

Noch deutlicher ergibt sich dies aus der vernünftigen Ordnung der Natur selbst, die göttliches und menschliches Gesetz zugleich ist. Wer ihr folgen will – und alle werden ihr folgen, die der Natur gemäß leben wollen – wird es nie so weit kommen lassen, dass er fremdes Gut begehrt und sich das aneignet, was er einem Mitmenschen wegnimmt. Denn viel mehr unserer Natur gemäß sind doch Erhabenheit und Größe des Geistes, Menschenfreundlichkeit, Gerechtigkeit und Freigebigkeit als sinnliche Vergnügen, Leben und Reichtum. Diese Dinge zu verschmähen und für Nichts zu erachten im Vergleich zum allgemeinen Nutzen zeugt von einem hohen und edlen Sinn. Einem anderen hingegen um seines eigenen Vorteiles willen etwas wegzunehmen ist mehr gegen die Natur als Tod, als Schmerz und alles andere Unglück der Art.

Ebenso ist es mehr der Natur gemäß, die größten Strapazen und Mühen auf sich zu nehmen, womöglich um die Menschheit zu unterstützen und sie zu erhalten, nach dem Beispiel des Herakles, den die Sage eingedenk seiner Verdienste unter die Götter versetzt hat, als nicht nur ohne jede Beschwerde, sondern sogar im höchsten Genuss in der Einsamkeit zu leben und dazu noch Reichtum, Schönheit und Kräfte in vollstem Maß zu besitzen. Deshalb ziehen gerade die edelsten und vortrefflichsten Menschen jenes Leben im Dienste der Menschheit bei weitem diesem letzteren vor. Hieraus ergibt sich, dass ein Mensch, der seiner Natur gehorcht, seinem Mitmenschen nicht schaden kann.

Und weiter: Wer einen anderen misshandelt, um selbst daraus einen Vorteil für sich zu erzielen, der glaubt, entweder nichts zu tun, was der Natur zuwider läuft, oder aber er meint, Tod, Armut, Schmerz, auch der Verlust seiner Kinder, seiner Anverwandten, seiner Freunde sei mehr zu meiden, als einem seiner Mitmenschen Unrecht zu tun. Wenn er wirklich glaubt, nichts gegen die Natur zu tun, wenn er einem anderen Menschen Gewalt antut, wie soll man da noch mit jemandem reden, der dem Menschen gänzlich das wegnimmt, was einen Menschen ausmacht? Meint er aber, dies sei zwar zu meiden, aber ungleich größere Übel seien Tod, Armut, Schmerz, so irrt er darin, dass er einen körperlichen oder materiellen Schaden für ein schwereres Übel hält als einen seelischen.

Also muss für alle Menschen ein einziger Grundsatz gelten, dass nämlich der Nutzen jedes einzelnen und der aller ein und derselbe ist. Wenn jeder nur für sich selber alles rafft, dann führt das zur Auflösung jeglicher menschlicher Gemeinschaft. Wenn uns ferner die Natur vorschreibt, dass ein Mensch für den anderen bloß aus dem Grunde sorgen soll, weil er ein Mensch ist, wer auch immer er sein mag, so liegt es notwendigerweise gleichfalls in der Natur, dass der Nutzen aller etwas allen Gemeinsames ist. Ist das nun so, dann werden wir alle durch ein und dasselbe Naturgesetz gebunden, und eben deswegen verbietet uns zweifelsfrei ein Gesetz der Natur, anderen Schaden zuzufügen. Da der erste Satz wahr ist, ist folglich auch der letzte wahr.

Ganz abwegig nämlich ist es, wenn einige sagen, ihrem Vater oder Bruder würden sie zwar nichts um des eigenen Vorteiles willen wegnehmen, doch wenn es sich um die sonstigen Mitbürger handele, liege der Fall doch anders. Diese Leute sind der Ansicht, es gebe zwischen ihnen und ihren Mitbürgern keine rechtliche und staatliche Gemeinschaft aufgrund des gemeinsamen Nutzens; ein solcher Grundsatz ist das Ende jeder Gemeinschaft von Bürgern. Wer aber sagt, auf seine eigenen Mitbürger müsse man zwar Rücksicht nehmen, auf die Fremden aber nicht, der zerreißt die gemeinsame Gesellschaft des Menschengeschlechtes. Ist aber diese aufgehoben, so werden auch die Wohltätigkeit, die Freigebigkeit, die Güte, die Gerechtigkeit von Grund auf aufgehoben. Und wer diese Tugenden aufhebt, den muss man auch für einen Frevler gegen die unsterblichen Götter erklären, denn er zerstört die von den Göttern gegründete Verbindung der Menschen untereinander, deren festestes Band die Überzeugung ist, es sei mehr gegen die Natur, wenn ein Mensch einem Mitmenschen etwas des eigenen Vorteils willen wegnimmt als der Verlust an äußeren Gütern oder körperlichen und seelischen Leiden; nur so nämlich wird die Gerechtigkeit dabei nicht verletzt. Denn diese Tugend ist die Gebieterin und Königin aller Tugenden.

Vielleicht könnte hier jemand einwenden: Sollte also der Weise, wenn er selbst von Hungertod bedroht wird, nicht einem anderen Menschen, der zu nichts nütze ist, das Essen wegnehmen dürfen?[2] Auf keinen Fall! Denn für mich gilt mein Leben als nicht nützlicher als die Gesinnung, niemanden meines Vorteils wegen zu schädigen. Wie aber? Wenn ein rechtschaffener Mensch einem Phalaris[3], einem grausamen und furchtbaren Tyrannen, die Kleider ausziehen könnte, um nicht selbst zu erfrieren, sollte er dies nicht tun dürfen? Das ist sehr leicht zu entscheiden. Denn wenn du einem durchaus unnützen Menschen des eigenen Vorteils wegen etwas wegnimmst, so handelst du unmenschlich und gegen das Gesetz der Natur. Wenn du aber ein Mensch solcher Art bist, dass du durch die Erhaltung deines eigenen Lebens dem Staat und der menschlichen Gesellschaft einen wesentlichen Nutzen verschaffen kannst, so ist deine Tat nicht zu tadeln, wenn du aus diesem Grund deinem Mitmenschen etwas wegnimmst. Ist dies aber nicht der Fall, so ist es deine Pflicht, eher den eigenen Nachteil hinzunehmen, als dem anderen etwas von seinen Vorteilen wegzunehmen. Krankheit, Mangel und anderes der Art sind also nicht so gegen die Natur, als einem anderen etwas wegzunehmen oder fremdes Hab und Gut zu begehren; völlig gegen die Natur ist allerdings die Preisgabe des gemeinsamen Nutzens, denn das ist ungerecht.

Jenes Gesetz der Natur selbst also, das den Nutzen für den Menschen bewahrt und erhält, entscheidet demnach tatsächlich, dass der weise, rechtschaffene und tapfere Mensch, durch dessen Tod dem allgemeinen Nutzen viel entzogen würde, dem untätigen und unnützen Menschen die zum Leben unentbehrlichen Güter nehmen und sich aneignen dürfe. Nur muss er sich davor hüten, aus Überschätzung seiner eigenen Person und aus Eigenliebe diese Aneignung fremden Gutes für berechtigt zu halten, denn das würde seine Handlung zur Ungerechtigkeit machen. So handelt er stets pflichtgemäß, wenn er auf den Nutzen der Mitmenschen und auf das Wohl der von mir schon mehrfach erwähnten menschlichen Gemeinschaft Rücksicht nimmt.

Was aber nun den Phalaris betrifft, so ist dieser Fall leicht zu beurteilen.[4] Wir leben nämlich mit einem Tyrannen in keiner Gemeinschaft, sondern alles trennt uns von einem solchen, und es ist keineswegs gegen die Natur demjenigen etwas wegzunehmen, wenn man kann, den zu töten sogar als eine sittlich gute Tat gilt.

De officiis 3, 21–32

1. Hierbei handelt es sich um die *oikeiosis*, einen Grundbegriff der Stoa. Vgl. das Kapitel »Anthropozentrismus«.
2. Die hier angesprochene ethische Problematik wird im 20. Jahrhundert vom Soziologen Max Weber mit den Begriffen *Gesinnungsethik* und *Verantwortungsethik* ausführlich thematisiert. In seinem 1919 gehaltenen Vortrag »Politik als Beruf« geht Weber davon aus, dass alles ethisch orientierte Handeln diesen zwei Systemen unterliegt: Die Verantwortungsethik beurteilt eine Handlung nach ihren Folgen, ungeachtet der nötigen Mittel, mit denen die Handlung durchgesetzt wird. Wer so handelt, trägt die volle Verantwortung für das, was er tut. Wer nach der Gesinnungsethik handelt, richtet sich bei seiner Handlung nur nach vorgegebenen Regeln und Werten, die diese Handlung letztendlich verantworten. Der Gesinnungsethiker trägt bei seiner Handlung also keine Verantwortung, da er sich auf gegebene Richtlinien beruft.
   Schon Immanuel Kant hatte sich mit dieser Problematik befasst. In seinem Aufsatz »Über ein vermeintliches Recht, aus Menschenliebe zu lügen« (1717) lehnt er dies in seinem rigorosen Pflichtenethos ab und vertritt die gesinnungsethische

Ansicht, dass es selbst bei Gefahr für Leib und Leben kein Recht auf eine Lüge gebe.

3. Phalaris von Akragas, dem heutigen Agrigent auf Sizilien, war im 7. Jahrhundert v. Chr. ein Tyrann, dessen Grausamkeit sprichwörtlich war. Er soll einen bronzenen Stier besessen haben, um darin Fremde und ihm verhasste Personen auf einem Feuer langsam zu rösten, wobei ihre Schmerzensschreie wie das Brüllen eines Stieres klangen. Erstes Opfer war der Überlieferung nach der Künstler Perilaos selbst, der den Stier für Phalaris hergestellt hatte.
4. Ein typisches Beispiel, das die Unterschiede zwischen Verantwortungsethik und Gesinnungsethik aufzeigt, ist der Tyrannenmord, bei dem jemand vor der Entscheidung steht, einen Gewaltherrscher umzubringen, um damit die Lebensumstände im Land zu verbessern, was Cicero hier als sittlich gut ansieht und deshalb vorbehaltlos bejaht. Der Verantwortungsethiker in der Definition von Max Weber würde dem Vorhaben, einen Tyrannen zu töten, voll zustimmen, da für ihn nur die Folgen, also die besseren Lebensumstände, von Bedeutung sind. Der Gesinnungsethiker würde es missbilligen, da er sich den Grundsatz »du sollst nicht töten« zu Eigen macht, ungeachtet aller möglichen guten Folgen, die aus einem Tyrannenmord entstünden.

Die Affekte

Leidenschaften sind ein Hindernis auf dem Weg zur Seelenruhe

Der vollkommenste Logos ist für die Stoa die Gottheit: Sie ist Weltseele und Vorsehung zugleich. Und da Welt und

Gottheit eins sind, geschieht alles nach einer Notwendigkeit und einer Schicksalsbestimmung, der niemand entrinnen kann. Trotz dieses Determinismus halten die Stoiker entschieden an der Willensfreiheit des einzelnen Menschen fest; die höchste menschliche Freiheit besteht darin, die Normen des großen Weltlogos zu erkennen und ihnen gemäß zu handeln. Wenn sich der Mensch dem Logos öffnet, kann seine Seele mit der kosmischen Ordnung harmonieren, der alles untersteht und deren Ablauf man nicht ändern kann.

Aus diesem Gedanken des Logos ergibt sich, dass der Mensch seinen Lebenszweck und damit sein Glück erreicht, wenn er vernunftgemäß und in Übereinstimmung mit der Natur lebt. Er soll sich die göttliche Vernunft zu eigen machen, ihr im Leben nachstreben.

Die vollendete Vernunft ist der bestmögliche Zustand, den die Stoiker Tugend nennen; ihn erreicht der stoische Weise. Um diese Harmonie der Seele zu erreichen, muss der Mensch alles Unnatürliche, vor allem die Affekte und Triebe meiden. Das Ziel ist die *Apathie*, die Freiheit von Leidenschaften, und sie führt dann zur Unerschütterlichkeit der Seele, zur *Ataraxie*, der Seelenruhe, der nichts etwas anhaben kann (stoische Ruhe). Äußere Dinge wie etwa Reichtum, Armut, Gesundheit, Krankheit, Ehre u. a. zählen die Stoiker zu den gleichgültigen Dingen *(adiáphora)*, die weder ein Gut noch ein Übel sind und die Menschen nicht in ihrem Streben nach dieser Unerschütterlichkeit und dem Freisein von Leidenschaften abhalten sollen. Den wahren Weisen, der das höchste Gut, die Tugend (griech. *areté*, lat. *virtus*) erreicht hat, kümmern sie nicht.

Wie definieren die Stoiker die Leidenschaften?
Zenon[1] definiert jede Leidenschaft, die er auf Griechisch *pathos* nennt, als eine seelische Verwirrung, die naturwidrig ist und von der rechten Vernunft abgewandt. Andere bezeichnen sie etwas kürzer als ein allzu heftiges Verlangen, wobei sie mit »allzu heftig« meinen, dass dieses Verlangen sich allzu weit von der Beständigkeit der Natur entfernt hat.

Die Hauptarten der Leidenschaften aber entstehen ihrer Meinung nach aus zwei vermeintlichen Gütern und zwei vermeintlichen Übeln; damit gäbe es also vier: aus den Gütern entständen die *Begierde* und die *Lust*, die Begierde erwachse aus den künftigen Gütern, die Lust aus den gegenwärtigen. Aus den Übeln entstammen ihrer Meinung nach *Furcht* und *Kummer*, der Kummer beziehe sich auf gegenwärtige, die Furcht auf künftige Übel. Was uns nämlich in Furcht versetzt, wenn es kommt, das befällt uns mit Kummer, wenn es da ist.

Lust und Begierde aber beruhen auf einer falschen Vorstellung von dem, was man als Güter bezeichnet. Während die Begierde, von dem vermeintlichen Gut verlockt und entflammt, zu diesem hingerissen wird, frohlockt und jubelt die Lust überschwänglich, weil sie sich schon im Besitz dessen wähnt, was sie begehrt. Von Natur aus erstreben alle Menschen das, was ihnen gut zu sein scheint, und meiden das Gegenteil. Deshalb reizt uns die Natur. Sobald uns deshalb das Bild von etwas, was uns als gut erscheint, entgegentritt, reizt uns die Natur selbst dazu, dieses zu erstreben. Und wenn dies mit Beständigkeit und Klugheit geschieht, nennen die Stoiker ein solches Streben auf Griechisch *bou-*

lesis, wir sagen Willen dazu. Sie behaupten, diesen gebe es nur beim Weisen, und sie geben dafür folgende Definition: der Wille ist etwas, was mit Vernunft begehrt. Was aber gegen die Vernunft allzu heftig erregt ist, das ist das triebhafte Begehren und das zügellose Verlangen, was man bei allen törichten Menschen finden kann.

Desgleichen, werden wir nun aber so bewegt und erregt, dass wir etwas als gut empfinden, so geschieht das auf zwei Arten: Wird nämlich die Seele mit der Vernunft bewegt und zwar mit Ruhe und Beständigkeit, dann wird dies *Freude* genannt. Wenn aber unser Sinn grundlos und hemmungslos in seinem Vergnügen ausrastet, so kann dieses über die Stränge schlagende Vergnügen nur, wie sie sagen, eine *Begeisterung der Seele ohne jede Vernunft* genannt werden.

Und weiterhin: weil wir von Natur aus das, was gut ist, erstreben, und ebenso das, was schlecht ist, meiden, so wird dieses Meiden, wenn es aufgrund der Vernunft geschieht, *Vorsicht* genannt, und man erkennt, dass es diese nur beim Weisen gibt. Geschieht es aber ohne Vernunft und aus einer niedrigen und schwächlichen Mutlosigkeit heraus, so kann man dies *Furcht* nennen. Furcht ist also die Vorsicht, die sich von der Vernunft abgewandt hat.

Ein gegenwärtiges Übel betrifft einen weisen Menschen gar nicht, aber bei den Törichten ist sie ein Kummer, der bei vermeintlichen Übeln über sie kommt, ihnen den Mut nimmt und ihre Seele verkrampfen lässt, weil sie der Vernunft nicht gehorchen. Deshalb gilt als erste Definition: Der Kummer ist eine Verkrampfung der Seele gegen die Vernunft. So gibt es demnach vier Leidenschaften und drei Beständigkeiten, da man dem Kummer keine ihm eigene Beständigkeit entgegensetzen kann.

Weiterhin sind die Stoiker der Meinung, dass alle Leidenschaften aufgrund von vorgefassten Meinungen und falschen Urteilen entstehen; deshalb definieren sie sie noch genauer, damit man nicht nur erkennt, wie schlecht sie sind, sondern auch, wie sehr sie in unserer Macht stehen. Der Kummer ist also eine noch frische falsche Vorstellung eines noch frischen gegenwärtigen Übels, in das die Seele ihrer Meinung nach richtigerweise einstürzt und dort verkrampft. Die Lust ist die frische Vorstellung eines gegenwärtigen Gutes, für den man überschwängliche Begeisterung für angebracht hält. Die Furcht ist die falsche Vorstellung von einem drohenden Übel, das einem unerträglich zu sein scheint, und die Begierde schließlich ist die falsche Meinung über ein kommendes Gut, das man gerne aber jetzt schon und dann ganz greifbar zum Genießen haben möchte.

Tusculanae disputationes 4, 11–14

1. Der hellenistische Philosoph Zenon von Kition (um 333/332 v. Chr. – um 262/261 v. Chr.) war ein hellenistischer Philosoph und Begründer der Stoa.

Gibt es Heilmittel gegen die Leidenschaften?

Für die besprochenen Leidenschaften gibt es verschiedene Heilmittel, denn nicht jeder Kummer wird auf dieselbe Art geheilt. Bei einem trauernden Menschen muss man eine andere Medizin anwenden als bei einem mitleidigen oder einem neidischen. Und außerdem gilt es bei allen vier Leidenschaften zu unterscheiden, ob man die Belehrung besser auf die gesamte Leidenschaft bezieht, die eine Verachtung der Vernunft und ein allzu heftiges Verlangen ist, oder ob man sich nicht besser an eine einzelne von ihnen richtet, etwa an die Furcht und die Genusssucht und andere solcher Art …

Jede derartige Leidenschaft sollte aber durch jenes Beruhigungsmittel beseitigt werden, wie du es lehrst: die Dinge, aus denen Lust und Begierde entstehen, seien kein wirkliches Gut, und auch jene, aus denen Furcht und Kummer entspringen, seien kein wirkliches Übel. Aber dennoch gibt es nur eine einzige sichere und eigentliche Heilung, indem man nämlich klarstellt, dass die Leidenschaften an sich schon krankhaft sind und dass sie nichts Natürliches oder Notwendiges an sich haben. Wir sehen doch, dass der Kummer von selbst gelindert wird, wenn wir einem trauernden Menschen vorhalten, wie schwächlich doch sein verweichlichter Sinn ist, und wenn wir daraufhin als Gegenstück die Würde und Standhaftigkeit derjenigen loben, die das, was einem Menschen alles widerfahren kann, mit unerschütterlicher Gelassenheit ertragen. Das pflegt auch bei denen zu gehen, die jene Leidenschaft zwar für ein Übel halten, aber doch der Ansicht sind, man müsse sie mit Gleichmut ertragen. Mag auch einer die Lust für ein Gut halten und ein anderer das Geld, so kann dieser eine doch von der Zügellosigkeit und dieser andere von der Habgier ferngehalten werden.

Tusculanae disputationes 4, 59–60 (gekürzt)

Der Unterschied zwischen seelischen und körperlichen Krankheiten

Darin besteht zwischen Seele und Körper ein Unterschied, dass eine gesunde Seele nicht durch eine Krankheit befallen werden kann, wohl aber ein gesunder Körper. Aber die körperlichen Krankheiten können uns treffen, ohne dass wir daran schuld sind. Anders ist es bei der Seele, denn all deren Krankheiten und Leidenschaften haben ihren Ursprung in der Geringschätzung der Vernunft, weshalb es solche Erkrankungen auch nur beim Menschen gibt. Die Tiere machen zwar etwas Ähnliches, sind aber den Leidenschaften gegenüber unempfindlich.

Im Übrigen gibt es einen Unterschied zwischen scharfsinnigen Menschen und dummen. Ebenso wie das Erz aus Korinth erst spät Rost ansetzt, so verfallen die Geistreichen nicht so schnell in eine Krankheit und sie erholen sich auch davon schneller, was bei den Dummen nicht der Fall ist. Ferner wird die Seele des geistreichen Menschen nicht von jeder Krankheit und Leidenschaft heimgesucht, vor allem kann ihnen alles, was verwildert und grausam ist, nichts anhaben. Wohl aber kann eine solche Seele in einige Schwächen geraten, die zunächst den Anschein von Menschlichkeit aufweisen wie etwa Mitleid, Kummer und Furcht.

Es gibt eine weitere Ansicht, die besagt, dass gewisse Schwächen und seelische Erkrankungen schwerer ausgerottet werden können als jene großen Laster, die das Gegenteil von Tugend sind. Die Laster können nämlich schon beseitigt sein, während die Krankheiten noch bleiben, weil diese nicht so schnell geheilt wie die Laster behoben werden können.

Tusculanae disputationes 4, 31–32

Wer von den Leidenschaften befreit ist, der hat das vollkommene Glück erreicht

Wer auch immer in Selbstbeherrschung und Beständigkeit ruhig gesinnt und mit sich selbst in Frieden lebt, sodass er sich weder vor Ärger verzehrt noch vor lauter Furcht zerbricht noch wie dürstend etwas erstrebt und vor Sehnsucht gar brennt noch in grundloser Fröhlichkeit hemmungslos herumtollt, der ist der Weise, den wir suchen, und der ist der Glückliche, dem nichts Menschliches so unerträglich erscheinen kann, dass er den Mut verliert, und auch nichts so erfreulich, dass er dadurch in wilde Ausgelassenheit verfallen würde. Was kann denn dem an den menschlichen Dingen groß vorkommen, der die Größe der ganzen Ewigkeit und des gesamten Weltalls kennt? Was kann denn bei all dem Streben und Bemühen der Menschen und bei ihrer so kurzen Lebensspanne dem Weisen als wichtig erscheinen, der geistig so wach und rege ist, dass ihm nichts widerfahren kann, was er nicht vorhergesehen und geahnt hätte und was für ihn völlig neu wäre?

Er richtet seinen scharfen Blick derart überall hin, dass er immer einen sicheren Zufluchtsort erblickt, wo er ohne Verdruss und Angst leben und das angemessen und ruhig ertragen kann, was auch immer das Schicksal für ihn bereithält. Wer sich so verhält, wird nicht nur vom Kummer verschont bleiben, sondern auch von allen übrigen Leidenschaften. Ein Geist aber, der von diesen frei ist, führt die Menschen zu einem vollkommenen und uneingeschränkten Glück. Gerät aber dieser gleiche Geist in Erregung und wird er von der unverletzten und sicheren Vernunft getrennt, dann verliert er nicht nur seine Beständigkeit, sondern auch noch seine Gesundheit.

Deshalb muss man die Lehre und die Bücher der Peripatetiker[1] für weichlich und kraftlos halten, denn sie behaupten, in den Seelen müssten notwendigerweise Leidenschaften entstehen; sie geben allerdings dabei ein bestimmtes Maß an, das nicht überschritten werden dürfe. Wie will man denn beim Laster ein bestimmtes Maß angeben? Oder ist es etwa kein Laster, der Vernunft den Gehorsam zu versagen?

Lehrt denn die Vernunft nicht allzu deutlich, dass das kein Gut ist, was man allzu leidenschaftlich begehrt und worüber man in unverschämte Ausgelassenheit gerät, wenn man es dann endlich bekommen hat? Und lehrt sie uns nicht auch, dass das kein Übel ist, was einen zu Boden wirft und dort liegen lässt und wogegen man sich seelisch kaum stemmen kann, damit es einen nicht erdrückt? Und auch, dass alles, was allzu traurig oder allzu fröhlich ist, auf einer irrigen Vorstellung beruht?

Wer beim Laster ein Maß sucht, der tut Ähnliches, wie wenn er glaubte, dass einer, der sich vom Leukadischen[2] Felsen hinunterstürzt, sich im Fall aufhalten könnte, wann er gerade wollte. Sowie er dies auch nicht kann, so kann ebenso ein von Leidenschaften aufgewühlter Geist sich nicht mehr in Zaum halten und nicht dort Halt machen, wo er gerade will. Und überhaupt: alles, was schon verderblich ist, wenn es wächst, ist schon schlimm, wenn es entsteht. Kummer und die anderen Leidenschaften sind bestimmt unheilvoll, wenn sie groß geworden sind; also steckt auch schon gleich bei ihrem Entstehen ein Teil Verderblichkeit in ihnen. Sie treiben sich nämlich selbst an, sobald man die Vernunft beiseitegelegt hat. Die Schwäche übt mit sich selbst gern Nachsicht, gleitet unversehens hinab in die Tiefe und findet keinen Ort mehr, wo sie Halt finden kann. Daher macht es keinen Unterschied, ob man maßvolle Leidenschaften billigt oder maßvolle Ungerechtigkeit, maßvolle Feigheit oder maßvolle Zügellosigkeit. Wer nämlich den Lastern ein Maß zumisst, der nimmt einen Teil von ihnen an. Das ist nicht nur an und für sich schon verwerflich, sondern umso ärgerlicher, weil sich das Laster auf rutschigem Boden befindet, und ist es einmal angetrieben, rutscht es leicht nach unten ab und kann dann überhaupt keinen Halt mehr finden. Und dabei sind dieselben Peripatetiker auch noch der Ansicht, dass jene Leidenschaften, die die Stoiker mit der Wurzel ausgerissen sehen möchten, dem Menschen nicht nur von der Natur mit gegeben worden sind, sondern dass die Natur sie ihnen sogar zu ihrem Nutzen verliehen hat.

Tusculanae disputationes 4, 37–43 (gekürzt)

1. Die schroffe Unterdrückung und Beseitigung aller Affekte, die die Stoa und vor allem ihr Gründer Zenon forderte, rief sogleich Theophrast (um 371– um 287 v. Chr.) auf den Plan, den Schüler und Nachfolger des Aristoteles in der peripatetischen Schule. Wie sein großer Lehrer mit seiner Mesotes-Lehre geht auch Theophrast davon aus, dass es bei den Affekten eine vernunftgemäße Mitte gibt, die der einzelne Mensch bei seinen Entscheidungen zu suchen habe. Während der

stoische Idealweise im Zustand der absoluten *Apathie* lebt, fordern also die Peripatetiker die rechte Mitte zwischen dem Zuviel und Zuwenig der Affekte, was sie *Metriopathie* nennen. Nach ihrer Ansicht sind emotionale Regungen wie etwa der Zorn gegenüber Unrecht, die Furcht, die zur Vorsicht mahnt, Mitleid, und Reue der Seele von Natur aus mitgegeben und praktische Impulse für eine sittliche Lebensführung.
(vgl. Max Pohlenz, *Die Stoa, Geschichte einer geistigen Bewegung*, Göttingen 1949, S. 173)

2. Der Leukadische Fels, 65 m hoch, befindet sich an der Südspitze der Ionischen Insel Leukas. Von dort wurde im Altertum jährlich ein Verbrecher ins Meer gestürzt; auch die Dichterin Sappho von Lesbos soll sich von hier ins Meer hinabgestürzt haben.

Liebeslust und Liebeswahn

Wenn sich ein Mann in einer derartigen Verfassung befindet, dann muss man folgende Heilmethode anwenden: Man muss ihm zeigen, wie leichtfertig und wie verächtlich und wie ganz wertlos das Objekt seiner Begierde ist, und wie leicht es von anderswoher oder auf andere Weise beschafft oder gar ganz vernachlässigt werden kann. Auch muss man ihn manchmal ablenken zu anderen Interessen, zu Aufgaben, Sorgen, Geschäften; oft muss man ihn schließlich auch durch eine Ortsveränderung kurieren, wie man es bei Kranken tut, die einfach nicht genesen wollen.

Einige sind auch der Ansicht, man solle die alte Liebe durch eine neue austreiben wie einen Nagel durch einen anderen Nagel. Vor allem aber muss man einen liebestollen Mann mahnend daran erinnern, wie groß doch der

Liebeswahn ist, denn von allen Leidenschaften ist sicherlich keine heftiger. Wenn man schon nicht vor Gericht sitzen will über Dinge, die alle so schändlich sind, dass sie eine Anklage verdienen wie Vergewaltigung, Verführung, Ehebruch und Blutschande, auch wenn man das beiseitelässt, so ist doch die geistige Verwirrung bei der Liebe schon an sich scheußlich.

Um aber die typischen Anzeichen des Wahnsinns zu übergehen, welche Leichtfertigkeit haben schon die Erscheinungen, die doch so maßvoll aussehen: »Verdächtigungen, Feindschaften, Waffenruhe, Krieg, dann wieder Frieden. Wenn du in so unsicheren Verhältnissen mit der Vernunft etwas Sicheres tun willst, dann wirst du nicht mehr tun, als wenn du dir Mühe gibst, mit Vernunft wahnsinnig zu sein.«[1]

Wen stößt denn nicht diese Unbeständigkeit und dieser Wankelmut des Geistes durch seine Verkehrtheit ab? Man soll nämlich auch hier wie bei allen Leidenschaften nachweisen, dass sie einzig auf unserer eigenen Meinung, auf unserer eigenen Entscheidung und eigenem freien Willen beruht. Wäre nämlich die Liebe naturgemäß, dann würden alle lieben und sie würden allzeit dasselbe lieben, und es käme nicht vor, dass der eine durch das Schamgefühl, der andere durch Nachdenken und noch ein anderer durch die Sättigung abgestoßen würde.

Tusculanae disputationes 4, 74–76

1. Zitate aus Komödien des römischen Dichters Terenz (185–159 v. Chr.)

Der Zorn

Zweifelsfrei ist auch der Zorn, solange er den Geist verwirrt, Wahnsinn. Bis wohin ist denn der Zorn nicht fähig vorzudringen ebenso wie der Wahnsinn? Deshalb sagt man zutreffend von einem Menschen, der erzürnt ist, er habe sich nicht mehr in seiner Gewalt; das will sagen, dass er nicht mehr seinen Verstand, seine Vernunft und seine Überlegungskraft besitzt. Denn diese drei müssen ihren Einfluss auf die gesamte Seele ausüben.

Vor solchen Menschen muss man diejenigen fernhalten, auf die sie einen Anschlag planen, solange, bis sie sich wieder gefasst haben (denn was bedeutet der Sinn der Redewendung »sich fassen« anderes als die verstreuten Teile der Seele wieder aufzusammeln und an ihren richtigen Ort zu bringen) oder man muss sie inständig bitten, ihren Rachedurst auf eine spätere Zeit zu verschieben, bis dann ihr Zorn erloschen ist. Das Wort »erloschen« aber steht in direktem Bezug zu dem Brand der Seele, der gegen den Willen der Vernunft entfacht worden ist.

Wo sind denn nun jene Philosophen, die meinen, der Zorn sei nützlich oder von Natur gegeben? Kann es denn überhaupt für einen Menschen nützlich sein, wenn er außer sich ist? Oder kann denn etwas der Natur entsprechen, was gegen die Vernunft geschieht? Wäre der Zorn wirklich naturgemäß, warum wäre denn der eine mehr im Zorn aufgebracht als der andere, oder wie könnte die Gier nach Rache aufhören, bevor sie gestillt ist, oder wie könnte jemand bereuen, was er im Zorn angestellt hat?

Ein Beispiel dafür ist Alexander der Große[1]: Als dieser seinen Freund Kleitos getötet hatte, hätte er beinahe Hand an sich selbst gelegt, so gewaltig war seine Reue. Wer sich dies alles durch den Kopf gehen lässt, wird nicht daran zweifeln, dass auch diese Erregung der Seele ganz der eigenen Meinung und dem Willen unterworfen ist. Kann auch folglich jemand daran zweifeln, dass die Erkrankungen der Seele wie Habgier und Ruhmsucht aus der falschen Meinung erwachsen, dass man die Sache für bedeutend hält, an der die Seele krankt? Daraus muss man erkennen, dass auch jede Leidenschaft auf unserer eigenen Meinung fußt.

Tusculanae disputationes 4, 77–79 (gekürzt)

1. Das historische Beispiel bezieht sich auf den auch schon bei antiken Schriftstellern oft geschilderten Streit zwischen Alexander und Kleitos: Dieser war ein Jugendfreund des Makedoniers und später auch sein Reiterkommandant bei seinen Feldzügen in den Osten. In der Schlacht am Granikos 334 v. Chr. rettete er ihn gar vor dem sicheren Tod. Auf einem Trinkgelage zu Ehren des Herrschers in Samarkand wurde Kleitos jedoch ein missverstandenes Wort wegen der orientalischen Sitten zum Verhängnis. Alexander ergriff in einem Anfall von Zorn und Raserei die Waffe eines Wachsoldaten und tötete seinen unbewaffneten Freund und Retter. Kurz darauf jedoch bedauerte er seine Tat zutiefst und musste von seinen Gefährten vom Selbstmord zurückgehalten werden.

Fazit der Untersuchung: Was ist das höchste Gut und was das höchste Übel

So wie einer, der sich anscheinend bester Gesundheit erfreut, doch von Natur aus für irgendeine Krankheit anfällig sein kann, so ist auch die eine Seele für dieses, die andere für jenes Laster besonders offen. Wer aber nicht durch seine Naturanlagen, sondern durch eigene Schuld dem Laster verfällt, dessen Verfehlungen bestehen in falschen Vorstellungen über Güter und Laster; dabei neigt der eine mehr zu dieser, der andere mehr zu jener seelischen Erregung und Leidenschaft.

Genauso wie es beim Körper der Fall ist, so ist auch ein Leiden der Seele, das schon alt ist und geradezu Wurzeln geschlagen hat, schwerer zu beseitigen als eine vorübergehende Störung: eine Geschwulst am Auge, die sich erst kürzlich gebildet hat, lässt sich eher heilen als eine schon lang anhaltende Augenentzündung.

Da wir nun schon den Grund für die Leidenschaften kennen – alle stammen aus der Beurteilung von Ansichten und aus dem eigenen Willen – so mag denn unsere Abhandlung darüber abgeschlossen sein.

Nachdem wir nun – soweit dies für einen Menschen überhaupt möglich ist – erkannt haben, was das höchste Gut und was das höchste Übel ist, müssen wir wissen, dass man sich von der Philosophie nichts Größeres und Nützlicheres wünschen kann als eben das, was wir an diesen vier Tagen hier erörtert haben: Wir haben gelernt, den Tod gering zu schätzen und den Schmerz soweit zu lindern, dass er erträglich wird; darauf wurde erläutert, dass man dadurch auch den Kummer beruhigt, der den Menschen als größtes Übel gilt. Auch wenn nämlich jede Leidenschaft schlimm und nicht weit vom Wahnsinn entfernt ist, so nennen wir gewöhnlich doch diejenigen, die durch Furcht, übergroße Lust und Begierde befallen sind, doch nur erregt und verwirrt; die aber, die sich dem Kummer hingegeben haben, bezeichnen wir als armselig, elend, niedergeschlagen und unglücklich. So scheinst du nicht zufällig, sondern mit Überlegung vorgeschlagen zu haben, wir sollten den Kummer und die anderen Leidenschaften gesondert behandeln, denn der Kummer ist die Quelle und Hauptursache allen Elends.

Aber für ihn und die übrigen Erkrankungen der Seele gibt es nur eine einzige Möglichkeit der Heilung, nämlich die Erkenntnis, dass sie alle bloß auf einer vorgefassten Meinung beruhen und von unserem Willen abhängen und dass man sie nur deshalb hinnimmt, weil man es so für recht hält. Diesen Irrglauben, der gewissermaßen die Wurzel aller Übel ist, verspricht die Philosophie von Grund auf auszurotten. Geben wir uns ihr also ganz zur Pflege hin und lassen wir uns von ihr vollständig heilen. Wenn diese Übel nämlich tief in uns festsitzen, können wir nicht nur nicht glücklich, sondern nicht einmal gesund sein.

Tusculanae disputationes 4, 81–84

Der Weise allein ist frei

Von den gelehrtesten Männern ist gesagt worden, niemand außer dem Weisen sei wirklich frei. Was ist denn nun die Freiheit eigentlich? Es ist die Möglichkeit, so zu leben, wie man möchte. Wer lebt nun so, wie er es möchte, außer demjenigen, der zu jeder Zeit dem folgt, was sittlich gut ist, und wer seinen Pflichten freudig nachkommt, wer den Lauf seines Lebens wohl überlegt und vorausschaut, wer die

Gesetze zwar nicht aus reiner Furcht beachtet, sondern sie befolgt und achtet, weil er dies für das Heilsamste ansieht, wer nichts sagt, nichts tut und nichts denkt, was nicht gern und aus freiem Willen kommt, der, dessen gesamte Entschlüsse und Handlungen von ihm selbst ausgehen und auch wieder auf ihn selbst zurückgehen und bei dem nichts mehr Geltung hat als sein eigener Wille und sein eigenes Urteil und vor dem selbst das Schicksal zurückweicht, das doch nach Meinung aller die höchste Macht besitzt, so wie ein weiser Dichter[1] es einmal gesagt hat: »Jedem gestaltet sich sein Schicksal nach seinem eigenen Charakter«?

Dem Weisen allein wird also das zuteil, dass er nichts gegen seinen Willen tut, nichts, was ihm Schmerz bereitet, und nichts aus Zwang. Wenn man auch diese Behauptung mit mehreren Worten beweisen müsste, so muss man doch kurz und bündig sagen, dass nur der frei ist, der eine solche Grundhaltung hat. Alle schlechten Menschen sind also Sklaven. Und diese Behauptung ist weniger der Sache als den Worten nach befremdend und sonderbar. Denn man sagt, dass solche Menschen nicht in dem Sinne Sklaven sind wie Leibeigene, die ein Herr gekauft hat oder die auf andere Weise nach dem bürgerlichen Recht Eigentum ihrer Herren geworden sind, sondern wenn Sklaverei darin besteht, wie es in der Tat auch ist, dass man einem schwachen und niederträchtigen Geist, der keinen freien Willen hat, gehorcht und untertan ist: wer könnte da noch leugnen, dass alle leichtsinnigen Menschen, alle, die ihren Begierden unterworfen sind, und kurz gesagt alle schlechten Menschen Sklaven sind?

Paradoxa Stoicorum 33–34

1. Es ist unklar, auf welchen Dichter Cicero hier abzielt. Gemeint sein könnte Appius, von dem das Zitat »Jeder ist seines Glückes Schmied« *(Fabrum esse quemque fortunae)* stammt, oder der Komödiendichter Plautus, der im *Trinummus* 2, 2 sagt: »Der Weise schafft sich selbst sein Schicksal.« *(Sapiens ipse fingit fortunam sibi.)*

Philosophie als Arznei für die Seele

Die Philosophie heilt die Seelen, zerstreut grundlose Sorgen, befreit uns von den Leidenschaften und vertreibt die Furcht. Aber diese ihr eigene Kraft hat nicht auf alle Menschen die gleiche Wirkung. Dann erst vermag sie sehr viel, wenn sie ein dafür geeignetes Wesen umfasst. Denn das Glück hilft zwar dem Tüchtigen, wie das Sprichwort sagt, aber viel mehr noch die Vernunft, die auf bestimmte Art durch gewisse Vorschriften die Kraft der Unerschrockenheit stärkt.

Tusculanae disputationes 2, 11

Wir beurteilen Krankheiten und Schmerzen des Körpers mit der Seele, die Krankheit der Seele aber empfinden wir nicht mit dem Körper. Daher kommt es, dass die Seele erst dann über sich selbst urteilt, wenn derjenige Teil, mit dem geurteilt wird, schon krank ist. Hätte uns die Natur aber von Geburt an so ausgestattet, dass wir sie selbst anschauen und durchblicken und unter ihrer hervorragenden Führung den Lauf des Lebens vollenden könnten, so brauchte wohl niemand nach einer philosophischen Unterweisung zu verlangen. So aber gab sie uns nur winzig kleine Funken mit, die wir, schnell durch schlechte Sitten und Meinungen verdorben, gar schnell löschen, sodass uns nirgends das Licht der Natur erscheinen kann. Unserem Geist sind nämlich Keime der Tugenden angeboren, und wenn wir diese ungehindert zur Entfaltung kommen ließen, so würde die Natur selbst uns zum glückseligen Leben führen. Nun aber wachsen wir, sobald wir geboren und als Kinder aufgenommen sind, sofort auch in allen möglichen Schlechtigkeiten und in völlig falschen Meinungen auf, sodass es fast den Anschein hat, als hätten wir den Irrtum mit der Milch der Amme aufgesogen. Sobald wir aber den Eltern zurückgegeben und dann den Lehrern anvertraut worden sind, dann werden wir von so vielen verschiedenen Irrtümern geradezu überschwemmt, dass die Wahrheit der nichtigen Einbildung und die Natur selbst dem verfestigten Vorurteil Platz macht.

Dazu kommen noch Dichter, die sich ganz den hellen Glanz von Bildung und Weisheit geben. Sie werden gehört, gelesen und auswendig gelernt werden und verwurzeln sich auf diese Art tief in der Seele.

Wenn sich dann noch dazu das Volk als der gewissermaßen größte Lehrmeister gesellt und dann von allen Seiten die große Masse der Menschen, die jedem Fehler zustimmt, dann werden wir vollends angesteckt von der Verkehrtheit der Vorurteile und fallen von der Natur ab, und es scheinen uns stattdessen diejenigen am besten das Wesen der Natur erkannt zu haben, die Ehrenstellen,

Herrschaft und Ruhm beim Volk für das Beste, Wünschenswerteste und Vorzüglichste überhaupt erklären, was der Mensch haben kann. Darauf stürzen sich dann gerade die Besten; indem sie die wahre Tugend zu erstreben glauben, die allein die Natur am meisten aufsucht, sind sie tief im nichtigen Schein gefangen und erreichen statt des herausragenden Bildes wahrer Tugend nur ein Schattenbild des Ruhmes. Denn der wahre Ruhm ist etwas Festes und Ausgeprägtes, nicht bloß ein Schattengebilde; er ist das übereinstimmende Lob der Guten, die unbestechliche Stimme derer, die sich über eine ausgezeichnete Tugend ein richtiges Urteil bilden können. So hallt der Ruhm der Tugend nach sozusagen wie ein Echo. Und weil er meist der Begleiter eines sittlich guten Handelns ist, darf er von rechtschaffenen Männern nicht verschmäht werden.

Nun aber eine weitere Frage: Wer sich von Geldgier oder wer sich von sinnlichen Begierden hinreißen lässt, wer sich in einem solchen Zustand befindet, dass sein Geist nicht mehr weit vom Wahnsinn entfernt ist, was bei allen törichten Menschen der Fall ist, soll es für den denn keine Heilung geben? Oder etwa soll man glauben, dass die Krankheiten der Seele weniger schaden als die des Körpers? Oder dass der Körper geheilt werden kann, es für die Seele aber keine Arznei gibt? Aber seelische Krankheiten sind doch gefährlicher und sie sind auch zahlreicher als die körperlichen; und sie werden einem deshalb gerade so zur Last, weil sie die Seele erfassen und diese in Unruhe versetzen. Der Dichter Ennius sagt: »Eine kranke Seele irrt immer; sie kann weder etwas erdulden noch aushalten und hört niemals auf, etwas zu begehren.«

Welche körperlichen Leiden könnten denn schlimmer sein als diese beiden seelischen Krankheiten – Kummer und Begierde – um von anderen zu schweigen? Wie kann man aber beweisen, dass die Seele sich selbst nicht heilen kann, wo sie es doch gerade war, die auch die Medizin für den Körper erfunden hat? Überdies tragen zur Genesung des Körpers viel der Körper selbst und auch die Natur bei, aber nicht alle, die sich heilen lassen wollen, werden auch ohne weiteres sofort wieder gesund. Die Seelen allerdings, die geheilt werden wollen und sich nach den Vorschriften der Philosophen richten, werden ohne allen Zweifel wieder gesund.

Es gibt nämlich ein Heilmittel für die Seele, und das ist die Philosophie. Man darf ihre Hilfe aber nicht, wie bei den körperlichen Krankheiten, außerhalb des eigenen Inneren suchen, sondern wir müssen mit aller Kraft bemühen, uns selbst heilen zu können.

Tusculanae disputationes 3, 1–6

Da das menschliche Leben am meisten unter der Qual leidet, weil es nicht weiß, was gut und was böse ist, und weil die Menschen wegen des Irrtums in dieser Frage oft der höchsten Genüsse beraubt und auch durch härteste Seelenqualen gepeinigt werden, so muss man die Weisheit zur Hilfe nehmen, denn sie nimmt die Schrecken und Begierden von uns hinweg und entreißt in uns das planlose Hin und Her aller falscher Vorstellungen. Die Weisheit ist es allein, welche die Traurigkeit aus unseren Herzen vertreibt und die es nicht zulässt, dass wir in Angst und starren Schrecken verfallen. Unter ihrer Leitung kann man in innerer Ruhe leben, da sie den Feuerbrand aller Leidenschaften erstickt. Die Leidenschaften nämlich sind unersättlich, sie stürzen nicht nur einzelne Menschen, sondern ganze Sippen ins Unglück und Verderben, und oft auch bringen sie den ganzen Staat in seinen Grundfesten zum Wanken. Aus den Leidenschaften erwachsen Hass, Zerwürfnis, Zwietracht, Aufruhr, Krieg. Und sie stürzen sich nicht nur nach außen hin und rennen in ihrem blinden Ungetüm gegen andere an, sondern auch drinnen, tief im Herzen eingeschlossen, sind sie sich untereinander uneins und zwieträchtig. Die Folge davon ist, dass das ganze Leben voller Bitternis wird. So ist allein der Weise imstande, ohne Kummer und ohne Furcht zu leben, zufrieden mit seinem Dasein in den Grenzen der Natur, nachdem er alle eitlen Nichtigkeiten und Irrtümer in seinem Innern völlig ausgemerzt hat.

De finibus 1, 43–44

Reicht die Tugend für ein glückliches Leben aus?

Die Frage der Eudämonie *zieht sich durch die Ethik der gesamten Antike. Der Begriff geht auf Aristoteles zurück und meint bei ihm eine gelungene Lebensführung bzw. das gute menschliche Leben. Später wurde der Begriff auf »Glück« und »glücklich sein« eingegrenzt. Aber damit ist kein individuelles*

Gefühl oder ein emotionaler Zustand gemeint, sondern die Art, in Einklang mit der eigenen Natur und der Tugend zu leben. Für Aristoteles ist Eudämonie das Ziel allen menschlichen Lebens.

Stürmische Gemütsregungen und Erschütterungen der Seele, die sich mit unbesonnenem Ungestüm erheben, wobei sie die Vernunft ganz verdrängen, lassen keinen Spielraum für ein glückliches Leben. Denn wie kann einer, der Tod und Schmerz fürchtet, wovon das eine immer hereinbrechen kann und das andere häufig vorhanden ist, wie kann denn ein solcher nicht unglücklich sein? Und wie steht es, wenn nun derselbe, wie es sehr oft der Fall ist, auch Armut, Schimpf und Schande, körperliche Schwäche und Blindheit fürchtet und schließlich auch noch die Sklaverei, was nicht nur einzelnen Menschen, sondern oft sogar mächtigen Völkern widerfährt, kann jemand, der mit einer solcher Furcht behaftet ist, denn glücklich sein? Und wie steht es mit dem, der solches nicht nur für die Zukunft fürchtet, sondern auch noch in der Gegenwart ertragen und aushalten muss? Lass noch Verbannung, Trauer und Verlust der Kinder hinzukommen: wer durch solche Schläge gebrochen und von Kummer noch erdrückt wird, muss der nicht ganz unglücklich sein? Und weiter noch! Einen Menschen, den wir von den Begierden entflammt und in Raserei verfallen sehen, der mit unersättlichem Trieb alles gierig begehrt und der umso heftiger und brennender dürstet, je größer die Fülle der Lust ist, die er von allen Seiten schlürft, soll man den nicht mit Recht ganz unglücklich nennen? Und weiter: Ist nicht ein Mensch, der von Leichtsinn hingerissen ist, der vor sinnloser Freude jauchzt und ohne Grund nur so herum hampelt, ist der nicht desto unglücklicher, je glücklicher er sich selbst erscheint?

Wenn diese Leute also unglücklich sind, dann müssen hingegen jene glücklich sein, die keine Furcht in Schrecken setzt, die kein Kummer verzehrt, keine Lust aufwühlt und die keine nichtigen Freuden durch üppige und erschlaffende Lüste dahin schmelzen lassen. Wie man nun die Ruhe des Meeres daran erkennen kann, dass kein Luftzug, und auch nicht der geringste, die Wellen kräuselt, so zeigt sich auch die Seele nur dann ruhig und besänftigt, wenn keine Leidenschaften da sind, durch die sie aufgewühlt werden könnte. Sollte demgemäß nicht auch derjenige glücklich sein, der die Macht des Schicksals und jedes Geschick, das den Menschen treffen kann, für erträglich hält, sodass ihn weder Furcht noch Angst erreicht, und der dazu noch frei von Begehrlichkeiten ist und sich durch keine eitle Lust hinreißen lässt? Und wenn dies alles von der Tugend bewirkt wird, warum sollte nicht die Tugend allein aus sich selbst heraus einen Menschen glücklich machen?

Tusculanae disputationes 5, 15–17

Die Tugenden können nicht ohne ein glückliches Leben Bestand haben, noch ein glückliches Leben ohne sie. Daher werden diese auch nicht zulassen, dass dies zögerlich vorgeht, sondern es mit sich reißen, gleich zu welchem Schmerz und welcher Qual sie selbst geführt werden. Dem Weisen ist es nämlich eigen, nichts zu tun, was ihn reuen könnte, und nichts, was gegen seinen Willen ist, sondern alles mit Würde, standhaft, ernst und ehrenvoll; es ist ihm auch eigen, nichts so zu erwarten, als ob es mit Sicherheit eintreten müsste, ebenso über kein Ereignis so erstaunt zu sein, als ob ihm etwas Unerwartetes und völlig Neues begegnet sei, und auch alles auf seinen eigenen Willen zurückzuführen und fest zu seinen Beurteilungen zu stehen. Gibt es ein größeres Glück als dies? Mir wenigstens fällt da nichts ein. Die Stoiker ziehen daraus eine einfache Schlussfolgerung. Da sie der Ansicht sind, das Gute bestehe in der Übereinstimmung mit der Natur und in einem naturgemäßen Leben, und da dieses nicht nur die Pflicht des Weisen sei, sondern auch in seiner Macht liege, so folge notwendig, dass das glückliche Leben in der Macht dessen steht, in dessen Macht auch das höchste Gut steht. Also wird das Leben des Weisen immer glücklich sein.

Tusculanae disputationes 5, 80–81